Wir widmen dieses Buch
unseren wunderbaren einzigartigen verstorbenen Geschwistern

Alexander
Andi
Daniel
Finia
Inga
Jens
Joshua
Julian
Julienne
Liam
Lukas
Maly
Marcel
Michael
Mike
Oliver
Sascha
Thomas
Tobias
Ute
Yannick

Whisper von Soul

WIR für immer

… wenn Geschwister sterben

Bibliografische Information der Deutschen Nationalbibliothek:
Die Deutsche Nationalbibliothek verzeichnet diese Publikation in der Deutschen Nationalbibliografie; detaillierte bibliografische Daten sind im Internet über http://dnb.dnb.de abrufbar.

© 2016 Whisper von Soul e.V., 2. Auflage
www.whispervonsoul.blogspot.de
Herstellung und Verlag: BoD - Books on Demand, Norderstedt

ISBN: 978-3-7412-3881-9

Inhaltsverzeichnis

Einleitung	9
Alexander G. Lukas G. Julian G.	13
Andi B.	15
Finia H.	17
Inga P.	19
Jens V.	27
Joshua W.	37
Julienne H.	51
Liam Sebastian Frank C.	61
Malya Yara K.	63
Marcel R.	67
Michael S.	75
Daniel D. Mike D.	81
Oliver K.	83
Sascha M.	87
Thomas W.	95
Tobias H.	101
Ute B.	113
Yannick W.	117
Danksagung	131

Einleitung

Dieses Buch ist ein Zeichen für unsere verstorbenen Geschwister, für uns und unsere Familien. Wir wünschen uns aber auch, dass dieses Buch hilfreich für alle ist, die dieses Schicksal gemeinsam teilen.

Wir alle haben Geschwister im Kindes- oder Erwachsenenalter verloren oder lernten sie nur durch Erzählungen und Bilder kennen.

Auf so unterschiedliche Art sind sie auf jeden Fall ein Teil unseres bisherigen Lebens.

Egal welchen Alters, unsere Geschwister waren oft unsere ersten tröstenden Schultern, unsere Beschützer oder Motivatoren. Sie lehnten sich zum Trost an unsere Schulter oder wir suchten Rat bei ihnen. Ein Team, welches zusammenhält.

Der Tod unserer Schwestern und Brüder ist vergleichbar mit dem Verlust eines Teils unserer Persönlichkeit - eine grausame Erfahrung, welche uns sehr prägt. Wo sind unsere Spielkameraden, Vorbilder oder Konkurrenten nun hin?

Die Liebe zueinander ist eine andere als zu Eltern. Aber genau diese besondere Art der Liebe macht uns als Geschwister aus. Besondere und individuelle Beziehungen zu unseren Geschwistern haben aus uns die Menschen gemacht, die wir heute sind. Und auch der Tod unserer Lieben, kann uns nicht voneinander trennen. Ihr Einfluss lebt in uns weiter. Sie stehen uns noch immer zur Seite, sei es im Herzen oder unseren Gedanken.

Aber was sind wir nun ohne unsere Geschwister? Was hat der Tod mit uns gemacht? Was verändert sich? Was wird schwierig? Wie fällt es leichter zu trauern? Und aus genau solchen Fragen, Gedanken und Erinnerungen heraus ist dieses Buch entstanden.

Eines ist klar:
Wir bleiben verbunden und sind für immer Geschwister!
WIR für immer!

Geschwistertrauer

Was hab ich mich in deine Scherze vergraben.
Wir machten das Dunkle der Nächte zu Tagen.
Wir haben das Leben mit Liebe begossen,
sind gemeinsam mit unseren Tränen geflossen.
Hab mich wohlig in Dein Lächeln geschmiegt,
mich geborgen in deinen Augen gewiegt.

All mein Sein sehnt nach Dir.
Ja, Du fehlst mir

Wir waren uns Helden und Perlentaucher,
Weltenforscher und Armnehmbraucher,
Himmelsstürmer und Steineabtrager,
sicherer Boden und Brückenschlager.
Wir haben an Unversehrtheit geglaubt,
uns´re Heimat auf Vertrauen gebaut.

Jetzt fehlst Du mir.
Ich sehn´ mich nach Dir

Doch ich trotze dem Schwarz und der Schwere vom Tod,
jedem Lebensprinzip und Wahrheitsgebot.
Meine Liebe zu Dir kann lachen und trauern.
Wir werden die weltliche Zeit überdauern.
Ich trage Dich mit durch mein neues Leben,
unerschüttbar will ich uns´re Spuren weben.

Wir bleiben untrennbare Weltenerbauer!
Meine Sehnsucht nach Dir heißt Geschwistertrauer.

© Alexandra Wirth

Alexander G.
*25.01.2006 +18.01.2012

Lukas G.
*03.09.2007 +18.01.2012

Julian G.
*16.03.2009 +18.01.2012

Ich heiße Sophie, bin 13 Jahre alt und schreibe über meine drei Brüder <3 Alexander <3 Lukas <3 Julian <3

Ich war damals 9 Jahre alt, als sie verstarben; meine Brüder waren 5, 4 und 2,5 Jahre alt.

Es passierte vor knapp viereinhalb Jahren am 18.01.2012 durch unseren Hausbrand. Ich vermisse sie jeden Tag und denke an sie. Täglich frage ich mich, was tun sie gerade da oben.

In der Schule sitz ich einfach so da und denke nochmal über diesen Vorfall nach und frage mich, wieso musste uns das passieren, wieso ausgerechnet uns???

Ich liebe sie und werde es immer tun! Egal wie alt oder wie erwachsen ich werde, NIE im Leben werde ich sie vergessen!!

Ihr Tod hat mich zu einem komplett anderen Menschen gemacht. Früher war ich offen und habe nicht viel über die Sachen nachgedacht, die ich gemacht habe. Aber im Gegensatz zu damals denke ich heute über jeden einzelnen Schritt nach: Ist das gut oder falsch, was ich tue usw.

Ich vermisse sie wirklich sehr und ich kann mit Freunden, der Familie und mit Bekannten darüber reden, egal wann und egal wo.

So etwas wünsche ich niemandem, weil das, was ich da mitgemacht habe, keinem anderen Menschen widerfahren sollte. Ich habe drei meiner wichtigsten Menschen in meinem Leben verloren, sie waren Teil meiner Familie, meine Brüder. So etwas wünsche ich keinem!

Ich hoffe und wünsche mir einfach, dass es ihnen da oben sehr, sehr gut geht und es würde mich sehr interessieren was sie dort in ihrer Welt machen.

Jungs, ich vermisse und liebe euch sehr!

Für immer werde ich eure Schwester bleiben und ich frage mich sehr oft, was ihr heute so tun und wie ihr aussehen würdet - nur leider werde ich es wohl nie herausfinden.

Ich vermisse euch so sehr!

In Liebe eure Schwester

Sophie G. <3

Andi B.
*14.02.2007 +26.08.2013

„Andis Reise über den Regenbogen"

Alexandra Bett, 12 Jahre, das Bild entstand kurz nach dem Tod von Andi

Finia H.
*07.01.2005 +23.04.2012

„Sehnsucht nach Finia"

Juna (7 Jahre)

Inga P.
*11.06.1986 +23.07.2010

„Es ist etwas Schreckliches passiert." Dieser Satz meiner Mutter stand am Anfang einer Zäsur in meinem Leben, teilte es in ein Davor und ein Danach. „Inga ist tot. Ihr Ehemann hat sie umgebracht." Ich brauchte einige Sekunden, um zu begreifen, was meine Mutter gesagt hatte. Dann brach ich zusammen. Gerade noch saß unsere Familie friedlich im Wohnzimmer, unsere drei Jungs spielten und mein Mann gab unserer Tochter einen Brei, nun war diese Friedlichkeit vorbei. Zerstört durch den Ehemann meiner kleinen Schwester. Ein Teil von mir wurde grausam herausgerissen, diesen Schmerz werde ich nie vergessen. Eine unbeschreibliche Leere überfiel meinen ganzen Körper. Am Tag zuvor hatte ich das letzte Mal mit meiner Schwester telefoniert, hatte ihr das erste Zeugnis meines Ältesten, dessen Patentante sie war, vorgelesen. Wir hatten viel Spaß und stritten uns zum ersten Mal seit langer Zeit nicht. Ihr letzter Satz, an den ich mich erinnern kann, war „Schönschrift wird eh überbewertet!"

Inga war acht Jahre jünger als ich und ist das vierte Kind meiner Eltern. Ich bin die Älteste. Sehr genau sind meine Erinnerungen an ihre Geburt, als mein Vater uns von der Schule abholte und ins Krankenhaus fuhr. Ich freute mich wahnsinnig auf meine kleine Schwester und war ziemlich enttäuscht, als ich dieses gräulich-blaue, verschrumpelte Wesen sah. Am nächsten Tag war ich sehr erleichtert, dass sie inzwischen eine rosige Haut hatte und sehr süß aussah – in diesem Zustand konnte ich sie dann auch das erste Mal auf den Arm nehmen.

Unsere Bindung war sehr eng, ich konnte an ihr sämtliche „große-Schwestern-Fähigkeiten" ausleben. Klar, manchmal war ich auch sehr genervt, weil ich Inga meistens im Schlepptau hatte und auf sie aufpassen sollte. Auf der anderen Seite hätte ich platzen können vor Stolz, wenn sie „Mama" zu mir sagte.

Dieses besondere Verhältnis blieb. Ich fühlte mich immer verantwortlich für sie, besprach aber auch für mich wichtige Dinge mit ihr. Ihr erzählte ich als Erste, dass ich mich in meinen jetzigen Mann verliebt hatte und selbstverständlich wurde sie die Patentante meines ersten Sohnes. Während des

Studiums wohnten Inga und einer meiner Brüder mit meinem Mann und mir in einem Haus in einer Art Familien-WG.

In dieser Zeit lernte sie ihren zukünftigen Ehemann kennen, zog mit ihm zusammen, heiratete und bekam einen Sohn. Die Beziehung der Beiden war von Anfang an voller Probleme, aber Inga war fest entschlossen, diese zu bewältigen. Wir stritten häufig, weil ich ihre Einstellung nicht nachvollziehen konnte. Zudem hatte ich Angst um sie und um ihr Kind. Inga musste ihren Weg gehen, auch wenn ich damit nicht einverstanden war. Im Nachhinein ist dies das Schlimmste für mich, dass wir die Zeit, die wir noch hatten, nicht genießen konnten, sondern ständig aneinander hochgingen.

In der Nacht nach unserem letzten Telefongespräch brachte ihr Ehemann Inga um. Direkt nach der Tat ging er zur Polizei und stellte sich. Der Notarzt konnte nur noch ihren Tod feststellen, ihr gemeinsamer Sohn, der zu dem Zeitpunkt 16 Monate alt war, wurde in Obhut genommen und später meiner Mutter übergeben. Für meine Mutter war sofort klar, dass Ingas Sohn bei ihr aufwachsen sollte.

Die Woche zwischen der Nachricht über Ingas Tod bis zur Beerdigung verbrachte ich wie in Trance. Auf der einen Seite war ich nur müde, konnte mich kaum bewegen und war für meine Familie ein Komplettausfall. Eine gute Freundin sprang ein und organisierte den Kindergeburtstag meines Ältesten, für den wir die Einladungen am Tag vor Ingas Tod verteilt hatten. Ich bin meiner Freundin bis heute noch dankbar für diese Hilfe. Auch meine andere Freundin war immer für mich da, sowohl an Ingas Todestag – sie kam sofort, nachdem ich sie angerufen hatte und blieb bis spät in die Nacht - als auch an allen anderen Tagen. Auf der anderen Seite entwickelte ich wahnsinnige Kräfte, um die Beerdigung zu organisieren. Ich telefonierte mit so vielen Menschen, um sie von Ingas Tod in Kenntnis zu setzen und sie zur Beerdigung einzuladen, Freunde, MitschülerInnen, ehemalige LehrerInnen, Kommilitoninnen ... Ich regelte die Kündigung aller Verträge, traf mich mit meiner Mutter beim Bestatter und schrieb eine Rede. Wir suchten die Anziehsachen aus, die Inga „mitnehmen" sollte, ich schenkte ihr eine Bluse von mir und meine Lieblingsbettwäsche. Der Bestatter war unglaublich einfühlsam, zeigte uns unkonventionelle Möglichkeiten auf und bestärkte uns in unserem Bauchgefühl. Wir bekamen ein paar Tage Zeit, um von Inga Abschied nehmen zu können. Sie lag in einem Abschiedsraum, zu dem wir einen Schlüssel bekamen und jederzeit Zutritt hatten. Ich war einmal bei ihr. Es war sehr emotional, aber auf der anderen Seite habe ich gemerkt, dass dies nur noch Ingas Körper war. Inga war längst nicht mehr in dieser Hülle, sondern ganz nah bei uns.

Die Beerdigung war sehr schön. So viele Menschen waren gekommen, um von Inga Abschied zu nehmen. Viele Bekannte sprachen mich auf meine Mutter an, empfahlen mir, gut auf sie aufzupassen, oder fragten mich, ob sie schon etwas gegessen habe. Das fand ich äußerst befremdlich, da niemand von ihnen nach meinen Geschwistern oder mir fragte. Erst später las ich in vielen Foren, dass die Trauer der Geschwister häufig vergessen wird und die Trauer der Eltern einen besonderen Stellenwert hat. Zum Glück waren an diesem Tag aber auch viele meiner Freunde da, so dass ich den Tag gut gemeistert habe.

Die Zeit nach der Beerdigung wird von vielen als Beginn der eigentlichen Trauer empfunden, da nun wirklich das Leben weitergeht. Bei mir fiel diese Zeit mit dem Beginn der Sommerferien zusammen, was Glück im Unglück war. So konnte ich mich noch etwas dem planlosen Leben hingeben. Wir verbrachten einen Teil der Ferien in unserer Heimatstadt in Nordrhein-Westfalen, wo auch noch ein Teil unserer Familie lebt. Einerseits tat diese Nähe wahnsinnig gut, wir redeten viel über früher, und auch meine Cousinen hatten einige Anekdoten von Inga auf Lager. Andererseits war dieser Urlaub der erste ohne Inga. Heimat ohne Inga, Currywurst ohne Inga, Schloss Burg ohne Inga. Diese Woche wurde ein Vorgeschmack auf viele weitere Erlebnisse ohne meine Schwester. Zu diesem Zeitpunkt konnte ich mir nicht vorstellen, jemals wieder ein „normales" Leben zu führen. Ich fühlte mich schon rein körperlich dazu nicht in der Lage. Das ganze Leben war anstrengend. Familienfeste, Geburtstage, Adventszeit, Weihnachten wurden sehr emotional. Ingas Kerze, die ich zu ihrer Beerdigung gestaltet hatte, brannte an diesen Tagen und wurde zum festen Ritual.

Meine Mutter und ich trauerten ähnlich, dachte ich zumindest. Wir redeten viel über Inga, während meine anderen drei Geschwister eher schwiegen. Meine Mutter sah allerdings Ingas Leben durch eine rosarote Brille und versuchte, friedlich mit ihrem Tod klarzukommen. Ich jedoch war unglaublich wütend. Wütend auf meine Schwester, weil sie nicht auf mich gehört hatte. Wütend auf meine Mutter und Ingas Freundinnen, die die Gefahr und meine Befürchtungen nie ernst genommen hatten. Wütend auf mich, weil ich sie nicht hatte schützen können, weil ich mich so häufig mit ihr gestritten hatte, weil ich vielleicht doch nicht alles ausprobiert hatte, sie zu überzeugen. Und nochmal wütend auf meine Mutter, die mir jetzt immer sagte: „Es bringt nichts, sich Vorwürfe zu machen oder immer zu überlegen, welche Alternativen es gegeben hätte. Das macht Inga nicht mehr lebendig und für dich ist es nur belastend."

Natürlich war ich auch traurig. Alle Emotionen empfand ich sehr intensiv. Mit Inga hatte ich meine Gesprächspartnerin innerhalb der Familie verloren. Als Älteste hatte ich immer eine besondere Rolle, trug schon früh Verantwortung für meine vier jüngeren Geschwister. Nach mir kamen zwei Brüder, die ein sehr inniges Verhältnis zueinander haben, danach Inga und meine jüngste Schwester. Ich war als Kind immer ein wenig außen vor, was ich aber auch genoss. Erst als wir älter wurden, studierten und zusammen wohnten, kamen Inga und ich uns auf Augenhöhe sehr nahe. Diese Gespräche vermisse ich. Ihre Nähe vermisse ich. Ihr muffeliges Gesicht nach dem Aufstehen vermisse ich. Ihre Begeisterungsfähigkeit vermisse ich. Ihre Naivität vermisse ich. Ihr Vertrauen vermisse ich. Ihre Liebe zu meinen Kindern vermisse ich. An diesem Schmerz, der meinen ganzen Körper durchfährt, wenn ich an Inga denke, hat sich bis heute nichts geändert. Ich denke nicht mehr minütlich an sie, aber doch sehr häufig über den Tag verteilt. Sie ist immer anwesend, manchmal in einem Nebensatz, manchmal in meinen Gedanken.

Bereits sieben Monate nach ihrem Tod fand der Prozess statt, den meine Mutter und ich als Nebenklägerinnen gemeinsam durchstanden.

Nach dem Prozess bin ich in ein tiefes Loch gefallen. Ich habe meine ganze Lebensplanung infrage gestellt. Mein bisheriges Studium wurde mir zu unsicher. Ich brauchte klare Strukturen, die mir Halt geben konnten. Außerdem hatte ich große Verlustängste. An einem Abend wollte mein Mann noch kurz etwas einkaufen. Plötzlich hörte ich einen Krankenwagen, der in Richtung Lebensmittelmarkt fuhr. Panisch versuchte ich, meinen Mann auf dem Handy zu erreichen, vergeblich. Während ich immer wieder die Nummer wählte, behielt ich die Haustür im Blick, da ich jeden Moment mit den beiden Polizisten rechnete, die mir mitteilen würden, dass mein Mann ums Leben gekommen sei. Völlig aufgelöst rief ich meine Mutter an, die zunächst gar nicht verstand, was ich sagte, weil ich nur noch schluchzen konnte. Mein Mann kam kurze Zeit später wohlbehalten zu Hause an und brauchte lange, um mich zu beruhigen. Heute erzähle ich meist lachend von dieser Situation, damals wurde mir jedoch klar, dass ich mein Leben ändern musste, um mit meinen Ängsten klar zu kommen. Ich änderte meinen Studiengang in ein Lehramtsstudium. Viele Scheine konnte ich mir anrechnen lassen, viele Dozentinnen und Dozenten kannten meine Situation, hatten Verständnis und unterstützten mich. Ein Praktikum an einer Schule hat mir sehr gut gefallen, die Arbeit mit den Jugendlichen machte mir großen Spaß. Diese Rahmenbedingungen halfen mir, mein Leben wieder in den Griff zu bekommen.

Zusätzlich nahm ich Termine einer psychologischen Beratung wahr. Diese Gespräche waren für mich wenig hilfreich. Mein Gesprächspartner konnte mir nichts sagen, was ich nicht schon wusste, es kamen keine neuen Anstöße in Bezug auf meine Trauer.

Ich recherchierte viel im Internet, suchte Literatur, die sich mit Geschwistertrauer auseinandersetzt und erfuhr, dass dieses Thema sehr stiefmütterlich behandelt wird. Aber wie ich auch an meiner Mutter und mir sah, ist es ein gewaltiger Unterschied, ob man ein Kind oder ein Geschwister verliert. Zusätzlich macht es einen Unterschied, ob der geliebte Mensch durch eine Krankheit oder plötzlich stirbt. Keiner von beiden Fällen ist „besser" oder „schlechter". Ingas Tod traf mich so unvorbereitet. Ich hatte keine Zeit mich zu verabschieden. Ich weiß aber nicht, ob es für mich mit einem Abschied leichter geworden wäre. Unser Abschied war das letzte Telefonat ohne Streit.

Nichts mehr ist, wie es war.

Zwei Jahre nach ihrem Tod wurde ich ungeplant schwanger. Ich hätte nicht gedacht, wie sehr mich diese Nachricht aus der Bahn schmeißen würde. Natürlich freuten wir uns auf unseren Fünften, aber er war das erste Kind, das Inga nicht kennenlernen würde. Ich habe mich immer gefragt, wie ich ohne Inga ein Kind bekommen soll. Natürlich völlig irrational, aber was ist schon rational nach dem Tod einer Schwester?

Wie hat sich mein Leben verändert? Was hat mir geholfen oder hilft heute noch?

Ich habe gelernt, dass ich nicht alles kontrollieren kann. Trauer ist unberechenbar, sie schlägt zu, wenn du nicht mit ihr rechnest, wenn du völlig unvorbereitet bist. Manchmal fange ich aus dem Nichts heraus an zu weinen. Manchmal kündigt sich ein Stimmungswandel an. Ich bin dann zuerst sehr unruhig, plane mehrere Dinge auf einmal, gerne auch in Extremen, wie zum Beispiel eine Auswanderung vorzubereiten, die zwei Stunden später Umbauplänen weichen muss, die wiederum in einen Spontanurlaub münden. Wenn diese unruhige Phase vorbei ist, werde ich müde und schlapp, kann mich teilweise nicht mehr bewegen. Dann merke ich meistens, dass ich mich auf eine traurige Phase einstellen kann. Die einzelnen Phasen können Tage, aber auch nur einzelne Stunden dauern. Sie können in dieser Reihenfolge passieren oder auch nicht. Ich habe gelernt, auf meinen Körper zu hören und großzügig zu mir zu sein.

Die ersten Todestage war ich vor allem traurig und habe sehr viel geweint. Letztes Jahr war es anders. Ich war sehr gereizt, aggressiv, habe überall Streit gesucht. Auch hier kann ich also keinen Rhythmus erkennen. Erschwerend kommt hinzu, dass diese Gefühle das feste Datum nicht zu kennen scheinen. Eine Woche vorher oder auch später kann die Trauer zuschlagen.

Ich weiß inzwischen, dass es im Jahresrhythmus nur eine sehr kurze Zeit gibt, in der Ingas Tod nicht ununterbrochen mein Leben bestimmt. Diese Zeit ist zwischen Neujahr und April. Dann beginnt die „heiße" Phase mit Elias´ Geburtstag, ihrem Geburtstag, ihrem Todestag. Die Auswirkungen dieser anstrengenden Zeit ziehen sich bis in den Spätsommer, nach einer kurzen Verschnaufpause startet auch schon wieder die Adventszeit.

Ohne meinen Mann, meine Kinder und unsere Freunde würde ich es nicht schaffen. Keiner unserer Freunde hat sich abgewandt, ich kann auch heute noch mit ihnen über Inga sprechen, sie fragen nach und sie spüren, wenn ich Trost brauche.

„Die Zeit heilt alle Wunden." Dem kann ich gar nicht zustimmen. Narben bleiben und sie reißen immer wieder auf. Auch heute noch habe ich das Gefühl, unvollständig zu sein. Nur selten gelingt es mir, auch innerlich fröhlich oder glücklich zu sein.

Egal was heute passiert, ich sage immer: „Es ist nicht so schlimm. Immerhin ist niemand gestorben." Für fast jedes Problem gibt es eine Lösung.

Mir persönlich hat mein Glaube sehr geholfen. Ich habe nie an Gott gezweifelt, sondern fand es sehr beruhigend, in dieser Hinsicht die Verantwortung abgeben zu können. Ich bin mir sicher, er weiß was er tut, auch wenn ich es nicht verstehe. Vielleicht werde ich es nie verstehen können, aber das muss ich ja auch nicht.

Anja K.

Jens V.
*19.11.1989 +27.06.2011

Liebe bis ins JENSeits - Vergessen werde ich dich nie.

Mir fällt es unsagbar schwer, für das, was geschehen ist, die richtigen Worte zu finden. Vielleicht gibt es auch nicht „die richtigen Worte". Ich merke nur, dass es mir innerlich wehtut, das Vergangene aus der Schublade zu holen, in die ich es sorgfältig und so weit nach hinten verpackt habe, wie nur möglich. Ein Teil von mir möchte darüber reden, die Geschichte erzählen und all den Schmerz hinaus schreien. Der andere Teil will am liebsten alles tief vergraben und nicht mehr über den lähmenden Schmerz und den unsagbar schweren Verlust nachdenken. Aber diese Gefühle gehören nun zu meinem Leben dazu und sind ein großer Teil davon. Sie zu verdrängen und so zu tun als wäre alles wie vorher, ist der falsche Weg, um es zu verarbeiten und damit leben zu können. Ich denke, dass es sehr wichtig ist, zu lernen das Geschehene und all die Gefühle drum herum in das neue Leben zu integrieren und es in den Alltag einzubauen. Wie das genau gehen soll, das habe ich für mich noch nicht richtig herausgefunden. Aber ein Anfang ist es, über die Geschichte meines Bruders und meine Erfahrungen im Umgang mit der Trauer um ihn zu berichten. So kann ich mir meine Trauer vielleicht etwas von der Seele schreiben.

Soweit ich zurückdenken kann, war mein großer Bruder Jens immer an meiner Seite. Er war fast drei Jahre älter als ich. Jens wurde im November 1989 geboren und ich im Sommer 1992. Wir waren eins von den Geschwisterpaaren, die unzertrennlich aneinander hingen und viel gemeinsam unternahmen. Wir gehörten zueinander wie Pech und Schwefel, wie Ebbe und Flut oder auch wie Ferrari und die Formel 1. Ich habe immer zu ihm aufgesehen, er war mein Beschützer, Berater, Spiel- und auch Streitkamerad. Wir verbrachten sowohl im Kindergarten als auch in der Grundschule ein Jahr gemeinsam, jeweils mein erstes Jahr dort. So konnte er mir von vielen Erlebnissen berichten und mir ein wenig die Angst vor dem Neuen nehmen, beispielsweise vor dem ersten Schultag, den ersten Benotungen oder ähnlichen Dingen. Nachmittags malten wir zusammen Comics, spielten draußen Fantasiespiele oder beschäftigten uns anderweitig, meistens jedoch gemeinsam. Wir waren ein sehr kreatives Duo und die Langeweile begleitete uns wenig. Jeder von uns hatte natürlich seinen eigenen Freundeskreis, in dem der andere aber immer gerne gesehen war.

Vielleicht hätten sich unsere Wege voneinander getrennt, als wir auf unterschiedliche Gymnasien kamen, aber es kam, wie so oft, anders als gedacht. Es passierte etwas, was keiner vorausgesehen oder sich jemals gewünscht hätte. Etwas, das trotz aller negativen Punkte, auch etwas Positives hatte. Und zwar schweißte es meine Familie und vor allem meinen Bruder Jens und mich enorm zusammen.

Anfang 2004 wurde bei Jens im Alter von 14 Jahren ein Osteosarkom diagnostiziert - Knochenkrebs! Diese heftige Tatsache traf uns alle unverhofft, aber schwer. Ich war damals 11 Jahre alt und das Erste was mir in den Kopf schoss und ich Jens fragte, war, ob ihm dann die Haare ausfallen würden. Dies blieb natürlich nicht aus. Auf der Kinderonkologie-Station verabreichte man Jens zahlreiche Chemotherapien. Es folgten Operationen und Bestrahlungen. Im Sommer stand anschließend eine Reha an. Dies nahm ich, damals sehr ahnungslos, als super Prognose an. Man stellte ihn schließlich wieder her und es war ja so eine Art Erholungsurlaub.

Die bittere und schonungslose Realität holte meine Familie gegen Ende des Jahres ein. Der tückische, aggressive Krebs hatte aus dem Hinterhalt zurückgeschlagen. Er war nicht besiegt, wie gedacht und so sehnlichst erhofft, sondern hatte sich im Stillen durch Jens' Körper gefressen und rücksichtslos verbreitet. Seine Lungen waren voller Metastasen - so eine Sch****. Der erste Rückschlag. Die unterschwellige Angst zeigte keiner. „Logisch, wir schaffen das", war die Devise.

Wer geht denn davon aus, dass es bis zum Schlimmsten kommt? Niemals hätte ich mir erlaubt so etwas zu denken, oder es überhaupt nur in Erwägung zu ziehen. „So etwas passiert meinem starken Bruder nicht. Diese Kämpfernatur stanzt so ein heimtückischer Tumor doch nicht in den Boden." So in etwa dürften meine Gedanken, geleitet von meinen Hoffnungen, gewesen sein.

Die nächsten Jahre waren geprägt von vielen und langen Krankenhausaufenthalten, verschiedensten Therapien, konservativer sowie alternativer Art, Angst, Leiden, Schmerz, aber auch von Fröhlichkeit, Lachen und vor allem Hoffnung.

Letzteres war besonders im Jahr 2009 ganz vorne mit dabei, denn es sah so aus, als wäre der hinterhältige Krebs besiegt worden. Es folgten lediglich ein paar Kontrolluntersuchungen in regelmäßigen Abständen. Getragen von den positiven Ergebnissen freute sich die ganze Familie über Jens' bestandenes Abitur und war voller Stolz.

Jedoch nutzte der tückische Krebs die Zeit, in der wir fest davon ausgingen, dass alles gut sei, und explodierte förmlich in Jens' Körper. Mir kam es vor wie von einem Tag auf den anderen, dass es hieß „Er ist wieder da." und

„Wir haben die Kontrolle verloren". Die Ärzte gaben ihm noch etwa ein halbes bis ein Jahr zu leben. Diese verbleibende Zeit war so intensiv und tiefgehend, dass ich kaum Worte dafür finde. Es war eine Zeit der tiefen Verbundenheit und Begegnungen besonderer Art. Es war unsagbar schwer mit anzusehen, wie ein junger Mensch, der einem so viel bedeutet, von seinem eigenen Körper im Stich gelassen wird und man rein gar nichts dagegen tun kann. Lediglich die Versicherung an Jens, immer für ihn da zu sein und ihn niemals zu vergessen waren meine einzigen Handlungsmöglichkeiten. Dies laut auszusprechen war eine große Überwindung, da es indirekt hieß, zu akzeptieren, dass er sterben wird und ich ihn gehen lassen muss. Besonders seine letzten Tage waren für ihn sehr schmerzhaft, weshalb ich sehr froh darüber bin, dass er zum Schluss doch friedlich eingeschlafen ist. So war es am 27.06.2011 um 10:45 Uhr so weit, dass mein großer Bruder Jens, im Alter von 21 Jahren, seinen letzten Atemzug tat.

Seitdem fehlt er mir jeden Tag!

Nun ist es mittlerweile viereinhalb Jahre her, dass ich meinen geliebten Bruder gehen lassen musste. Für viele Menschen klingt dies im ersten Moment nach einer endlos langen Zeit, in der man jawohl schon längst über den Verlust und die schweren Ereignisse hinweg sein sollte. Überhaupt, wie kann es sein, dass ich überhaupt noch daran denke oder mich viele Kleinigkeiten an ihn erinnern und mich manchmal traurig stimmen? Wie kann es sein, dass mir manchmal die Tränen in die Augen schießen, weil mich etwas an Jens' oder unsere gemeinsame Zeit erinnert oder dass das Geschehene gar meine heutigen Entscheidungen beeinflusst? Ich glaube, so denken viele meiner Mitmenschen. In einem Punkt muss ich dieser Meinung auch zu stimmen: Ja, es ist Zeit vergangen seit Jens' Tod und ja, meine Trauer hat sich seitdem verändert. Aber was sind das für Menschen, die sich anmaßen jemandem vorzuhalten, wie lange man einen Menschen in Erinnerung behalten darf und ab wann das Geschehene das heutige Leben nicht mehr zu beeinflussen hat? Ich versuche mir dies so zu erklären, dass der Großteil dieser Leute unterschwellig Angst davor hat, mit dem Thema Tod in Berührung zu kommen. Die eigene Sterblichkeit oder die der geliebten Mitmenschen hält man sich schließlich nicht gerne vor Augen. Wahrscheinlich mussten sie selber bis heute noch nie so einen schweren Verlust erleiden. Es ist bei Weitem nicht so, dass ich ihnen wünsche, das Gleiche zu erleben. Nichtsdestotrotz macht es mir den Umgang mit meiner Trauer um einiges schwerer, dass der Großteil meines Umfeldes nicht nachvollziehen kann, dass die Zeit eben nicht alle Wunden heilen kann, sondern immer etwas bleiben wird, dass mich Jens nicht vergessen lässt. Und darüber bin ich sehr froh, denn ich habe weiterhin einen großen Bruder, der trotz seines Todes immer noch ein Teil meines Lebens ist.

Anfangs war es für mich unbegreiflich, dass mein Bruder tatsächlich gestorben ist. Ich habe mich so schrecklich allein und verlassen gefühlt. In meinem Kopf habe ich natürlich verstanden, dass er nun fort ist, aber mein Herz konnte oder wollte es nicht so schnell begreifen. Die Vorstellung, dass ich niemals wieder mit ihm reden oder lachen würde, ihn nie wieder in den Arm nehmen kann, ihn nie wieder um Rat bitten oder mit ihm streiten würde, war so schrecklich schmerzhaft, dass es ein paar Monate dauerte, bis diese richtig in meinem Inneren ankam. Auch heute sackt mir mein Herz noch bis tief in den Keller, wenn ich über diese weitreichenden Ausmaße nachdenke. Bei solchen Gedanken fängt mein Herz an schneller zu schlagen, mir wird heiß und kalt zugleich und ich habe einen dicken Kloß im Hals. Auch die Tränen lassen sich nur schwer zurückhalten. Denn ich werde mein geliebtes Brüderchen niemals mehr in meinem Leben wiedersehen. So etwas ist schwer zu akzeptieren.

In der ersten Zeit ohne Jens lebte ich wie in Watte. Ich war in meiner eigenen Welt der Trauer gefangen, wo ich nur schwer zu erreichen war. Sicher, ich habe nach kurzer Zeit wieder alle alltäglichen Dinge gemacht, wie zur Schule gehen, Sport treiben, Freunde treffen, abends ausgehen. Aber ich war oft nicht richtig anwesend, in Gedanken doch immer bei Jens. Ich fühlte mich durch zahlreiche unüberlegte, nur so daher gesagte Kommentare von Anderen sehr schnell angegriffen. Aussagen in die Richtung wie „Es wäre schön weniger Geschwister zu haben" seitens meiner Freunde, nahm ich sehr persönlich und hätte in solchen Momenten entsprechenden Personen gerne ins Gesicht geschlagen. Denn genauso fühlte es sich für mich an - es war ein knallharter, rücksichtsloser Schlag mitten ins Gesicht, und um ehrlich zu sein mitten in meine Seele. Meistens hielt ich mich zurück, oft ging ich einfach mitten im Gespräch weg. Manchmal sagte ich auch meine Meinung, worauf die meisten aber nichts zu erwidern wussten und eine unangenehme Stille herrschte. Mir ist heute klar, dass es sicher nicht böse gemeint, sondern meistens nur so daher geredet war. Allerdings war ich zu der Zeit noch so gefangen in meiner Trauer und eingenommen von allem, was geschehen war, dass ich solche und ähnliche Aussagen als schwere Beleidigungen auffasste.

Von manchen meiner Freunde entfremdete ich mich nach und nach etwas. Ich veränderte mich stark und bekam einen anderen Blick auf die Dinge. Es war nicht mehr das Wichtigste abends feiern zu gehen oder möglichst viel zu trinken, um Spaß zu haben. Der Wert der Familie war für mich auf einmal etwas ganz anderes, als für die meisten in meinem Alter. Folglich trennten sich einige Wege, aber es traten auch viele neue und interessante Personen in mein Leben. So habe ich auch heute noch guten Kontakt zu Jens' Freunden, die immer so großartig zu ihm gehalten haben. So waren sie bis zum Schluss an seiner Seite und ließen ihn oft vergessen, dass er körperlich nicht mehr mithalten konnte. Mit ihnen teile ich wertvolle Erinnerungen, wodurch uns etwas Gemeinsames verbindet. Es ist gar nicht notwendig, dass wir jedes Mal von Jens reden, wenn wir uns sehen. In unseren Herzen wird er immer sein, weshalb er, wenn auch in anderer Form, immer bei unseren Treffen anwesend ist.

Heute, Anfang 2016, ist einige Zeit seit Jens' Tod vergangen. Um genau zu sein, sind es 4 Jahre und fast 7 Monate. Rückblickend ist die Zeit wie im Flug vergangen. Meine Trauer und der Umgang mit dem Verlust meines Bruders haben sich seit seinem Tod im Juni 2011 sehr und oftmals geändert. Anfangs war mir nicht klar, wie ich damit umgehen soll und wie ich überhaupt weiter leben könnte. Es machte mir ein furchtbar schlechtes Gefühl, wenn ich nicht mindestens einmal die Woche an seinem Grab war. Es war schon fast zwanghaft, dass ich mir nicht erlaubte, einen Tag zu verbringen, ohne an ihn zu denken. Ich hatte mehr oder weniger mein ganzes Leben darauf ausgerichtet. Entsprechend entschied ich mich dazu, nach meinem Abitur eine Physiotherapie-Ausbildung zu machen, da ich so das Gefühl hatte, kranken Menschen, die noch eine Chance auf Besserung haben, helfen zu können ihre Schmerzen zu lindern und sie zu rehabilitieren. Schließlich hatte dies bei meinem Bruder nicht funktioniert. Ich hatte den innerlichen Drang zu kompensieren, dass ich ihm nicht helfen konnte, da ich nur hilflos zugesehen habe, wie sein Körper vom Krebs zerfressen wurde. Zusätzlich arbeitete ich einmal in der Woche auf der Kinderonkologie-Station, auf der mein Bruder viel Zeit verbracht hatte und ich gemeinsam mit ihm. Ich las ausschließlich Bücher über Nahtoderfahrungen, Geschichten über Verluste oder ähnliche Themen. Meiner Meinung nach war es damals das einzig Richtige, da es einfach die Zeit war in der ich mich intensiv mit dem Thema Tod, der eigenen Sterblichkeit und dem Verlust auseinandersetzte. Diese Zeit des Rückzugs und der Auseinandersetzung mit dem Thema Tod war sehr wichtig und für mich die richtige Möglichkeit mit dem Verlust umzugehen. Jedoch war es rückblickend auch sehr viel Belastung, jede Woche wieder auf die Station zurückzukommen, wo so viele schwerkranke Kinder waren, mit kahlen Köpfen, angeschlossen an Infusionsgeräten mit zahlreichen Schläuchen, im Kampf gegen den frühzeitigen Tod. Außerdem kamen noch die vielen Erinnerungen an schwere Zeiten, in denen es Jens schlecht ging und wir um sein Leben bangten, hinzu. Diverse Stunden, die wir in Angst und Hoffnung auf dieser Station verbrachten, gehörten somit nicht der Vergangenheit an, sondern wurden wöchentlich wieder hochgeholt. Zudem kamen die Stunden in der Physiotherapie-Schule und angrenzender Praxis hinzu, in der Jens ebenfalls Zeit zur Rehabilitation verbracht hatte.

Im Mai 2013 entschied ich mich schließlich für mein Studium aus meinem Heimatort wegzuziehen. Ich haderte sehr mit mir, da andererseits auch viele schöne Erinnerungen an unsere Kindertage an dieser Stadt hingen. Schlussendlich war die Entscheidung wegzuziehen für mich sehr positiv und hat mir auf meinem Weg der Trauerbewältigung enorm weitergeholfen. Ich konnte Abstand zu allem Geschehenen gewinnen, ohne es jedoch zu vergessen. Ich kann jederzeit nach Hause kommen, Jens' Grab besuchen, seine Freunde treffen, mit meinen Eltern telefonieren oder natürlich auch einfach von meinem neuen Zuhause aus an ihn denken. Auch von hier aus kann ich für ihn eine Kerze anzünden, seinen Lieblingskuchen zu seinem Geburtstag oder einfach so backen (mir schmeckt er nämlich auch sehr gut) oder mir alte Fotos anschauen. Es braucht nicht unbedingt die räumliche Nähe zu unserem gemeinsamen, alten Zuhause oder seinem Grab, um meinem Bruder nahe zu sein.

Es reicht aus, wenn ich einfach mein Herz öffne und die Liebe zu Jens zulassen kann. Natürlich ist dies manchmal schmerzhaft, denn er fehlt mir immer noch und jeden Tag, aber es ist anders geworden. Ich kann viel und oft lachen, ich tanze und hüpfe gerne wieder, einfach so, zur Freude durch die Gegend und ich freue mich auf meine Zukunft. All diese positiven Veränderungen habe ich unter anderem auch durch meinen Freund erfahren, der mir immer zur Seite steht. Auch wenn er es nicht verstehen kann, wie es ist seinen Bruder gehen lassen zu müssen, versucht er immer für mich da zu sein und mich zu unterstützen. Ich bin sehr dankbar für so einen tollen Menschen an meiner Seite. Er hat mir sehr geholfen, das Leben wieder als wirklich lebenswert zu erachten und mit Freude auf unsere gemeinsame Zukunft zuzugehen. Ich bin mir auch sicher, dass mein Bruder Jens, von wo aus auch immer, sehr zufrieden mit meiner Wahl ist. Die Zwei hätten sich sicher super verstanden.

Ich finde es sehr schade, dass Jens meinen Freund nicht mehr kennengelernt hat, dass ich ihm nicht von meinem Studium erzählen kann oder er mir Tipps geben kann, wie ich die ganze stressige Prüfungszeit besser überstehe. Aber andererseits bin ich mir sicher, dass er weiß was ich mache, wie es mir geht und was alles in meinem Leben passiert.

Denn wir sind im Herzen miteinander verbunden. Er hat einen Teil von mir damals mitgenommen und ich habe einen Teil von ihm sicher in meinem Herzen verwahrt. So werde ich ihn niemals vergessen!

Alles in allem lassen sich meine Erfahrungen im Umgang mit der Trauer mit der Abfahrt einer Buckelpiste beim Skifahren beschreiben. Nur ist man kein erfahrener Profi, sondern blutiger Anfänger. Man rast in einer unkontrollierbaren Geschwindigkeit den Berg der Trauer hinab, die Skier, die Halt verleihen sollen, verkanten sich und man schlägt schließlich auf dem Boden der Realität auf. Die Trauer und der Verlust haben einen schlagartig überwältigt. Aber man schafft es irgendwie sich mühselig wieder hochzurappeln, den erschlagenden Berg der Trauer aufs Neue zu erklimmen und oben auf der sonnigen Spitze der schönen Erinnerungen anzukommen. Und das nächste Mal ist man schon etwas erfahrener bei der Abfahrt. Vielleicht schafft man es die Skier, zwar wackelig, aber irgendwie, als Hilfe zu benutzen, um nicht ganz so fest aufzuschlagen. Auch wenn man mit der Zeit immer mehr zum erfahrenen Profi heranwächst und man lernt die Lage einzuschätzen, kann es immer mal wieder vorkommen, dass man doch stürzt, weil ein unerwarteter Schneehügel auf einmal vor einem auftaucht.

Aus meiner Sicht ist es ein großer Schritt, wenn man lernt zu akzeptieren, dass einen die Trauer unverhofft treffen kann und sie immer ein Teil von einem selbst bleiben wird. Auf diese Weise schafft man es, den Verlust und die Trauer in das eigene Leben zu integrieren und damit annehmbar umzugehen. Man kann sich eine kleine, wertvolle Schatzkiste der Erinnerungen im eigenen Herzen schaffen. Diese kann man nach Belieben öffnen und sich mit einem Lächeln an vergangene Geschehnisse erinnern oder sich auch Zeit für traurige Momente und den Schmerz des Verlustes nehmen. So wird der Verstorbene nie vergessen sein, auch wenn nicht täglich von ihm geredet wird.

So werde ich meinen großen Bruder Jens niemals vergessen, sondern habe ihn sicher in meinem Herzen geborgen. Für immer.

Svenja V.

Joshua W.
*25.02.1997 +20.06.2013

Trauer ist ein unfassbar weitläufiger Begriff dafür, mit dem Tod eines lieben Menschen irgendwie klarzukommen. In den folgenden Zeilen erzähle ich Ihnen meine Geschichte über meinen kleinen Bruder Joshua, der mit 16 Jahren viel zu früh aus seinem Leben gerissen wurde und wie ich seit dem 20.06.2013 mit seinem Tod umgehe.

Joshua wurde als Drittes von insgesamt vier Kindern geboren. Mein großer Bruder und ich haben uns riesig gefreut unseren kleinen Jo endlich auf der Welt begrüßen zu dürfen, ich war sieben Jahre und mein großer Bruder neun Jahre alt. Schon von Anfang an war schnell klar, Jo oder Joshi, wie ich ihn immer nannte, ist unser kleiner Sonnenschein.

Jo war ein aufgeweckter, lebensfroher Junge, der seine Kindheit gerne draußen in der Natur verbrachte, seine Hunde „Nala", „Timmy" und „Sam" spielten dabei auch eine sehr große Rolle in seinem Leben.
Joshuas Kindheit war nicht immer einfach, sie war auch geprägt von Hänseleien und Enttäuschungen aufgrund seiner Figur. Schon sehr schnell lernte Jo damit umzugehen und darüberzustehen, was andere zu ihm sagten. Was ihm auch dabei half, war seine Musik, mit 12 Jahren fing er an Trompete zu

lernen, er war Mitglied in einer Musikkapelle. Jo hatte zahlreiche Auftritte, wir waren alle so stolz auf ihn. Nach dem Tod unseres Opas war es die Musik, seine Trompete, die ihm Kraft gab weiter zu machen und aus der er immer wieder neue Kraft schöpfte. Ich als große Schwester bewunderte ihn immer wieder, wie er sein Leben in seinen jungen Jahren doch schon meisterte. Joshi und ich - wir waren uns vom Typ her sehr ähnlich, mein kleiner Bruder, der oft so dachte wie ich. Joshi war der Sonnenschein in der Familie, er munterte einen auf, wenn es einem mal gerade nicht gut ging, er schenkte einem so viel Liebe und Wärme, dass dies ihn zu einem einzigartigen kleinen Bruder machte. Schlechte Laune gab es bei Jo sehr, sehr selten. Jo hatte so einen unglaublichen Charme, ihm konnte man einfach nicht lange böse sein. Er versuchte, dich dann immer wieder durch seine Sprüche aufzuheitern. Unglaublich, wie schnell die Zeit verging und aus ihm ein junger Mann wurde, der stets freundlich und zuvorkommend war und stets sein Herz am richtigen Fleck hatte. Umso unfassbarer ist es für uns alle, dass Jo seit drei Jahren nicht mehr bei uns ist. Ich könnte so noch stundenlang darüber schreiben, wie sehr Jo unser Leben in der Familie bereichert hat und was für ein toller junger Mann aus Jo geworden ist, aber das würde das Kapitel, denke ich, sonst sprengen.

Komme ich nun zu dem Tag, der unser Leben für immer verändern sollte. In den folgenden Zeilen erzähle ich nun, wie ich diesen unfassbar traurigen Tag erlebt habe.

20. 06. 2013 - der Tag, an dem sein junges und erfolgreiches Leben für immer innerhalb von Sekunden ausgelöscht wurde. Der 20. Juni, es war ein Donnerstag, begann für mich eigentlich wie immer, bis darauf, dass ich an diesem Tag ein komisches Gefühl im Magen hatte, es aber nicht genauer definieren konnte. Ich ging wie jeden Morgen um 8 Uhr zur Arbeit. Die Arbeit als Erzieherin bereitet mir sehr viel Spaß und bringt mich sehr schnell auf andere Gedanken, sodass der Tag für mich seinen Lauf nahm. Ich kann mich noch genau daran erinnern, dass es an diesem Tag sehr stürmisch draußen war und ich froh war, gegen 17 Uhr endlich wieder zu Hause zu sein. Zu diesem Zeitpunkt war mein kleiner Bruder schon tot. Da ich nicht mehr zu Hause wohnte, wusste ich es zu diesem Zeitpunkt aber noch nicht. Gegen 18.30 Uhr habe ich noch was gegessen und es mir dann auf unserem Sofa gemütlich gemacht. Mein Freund war zu der Zeit beim Arbeiten und sollte erst wieder gegen 1 Uhr nach Hause kommen. Gegen 20.15 Uhr klingelte es an der Tür, ich erwartete keinen Besuch. Nachdem

ich die Tür öffnete, standen zwei Polizisten und zwei Sanitäter vor meiner Tür und baten mich darum, hereinkommen zu dürfen. Ich war sehr überrascht und habe keineswegs damit gerechnet, dass diese Worte, die die Polizisten gleich zu mir sagen würden, mich wie ein Stich ins Herz treffen würden.

Sie fragten mich, ob ich mich setzen wolle, ich verneinte. Sie hätten mir eine traurige Mitteilung zu machen: Mein 16-jähriger Bruder ist bei einem Rollerunfall ums Leben gekommen. Ich konnte es nicht fassen, es gingen so viele Dinge in meinem Kopf vor, so viele Fragen nach dem warum gerade Jo, wie ist es passiert und viele weitere, aber genau diese Fragen konnte mir keiner beantworten. Ich schickte die Polizisten und Sanitäter weg. Danach brach ich in Tränen aus und konnte es nicht glauben, was ich gerade gehört haben soll. Ich rief meinen Freund an, der sofort von der Arbeit nach Hause kam. Es war so unvorstellbar, dass Jo nicht mehr da sein sollte, wenn ich das nächste Mal zu Besuch komme. Das letzte Mal sah ich Jo am Sonntag zuvor, an dem Tag verabschiedete er mich mit einer Umarmung und dem Satz „Ness, ich hab dich lieb", das sind die letzten Worte, die Jo zu mir sagte. Und diese Worte werde ich nie vergessen. Ich kann dieses Gefühl nicht beschreiben, was es in einem auslöst, wenn man erfährt, dass der kleine Bruder innerhalb von Sekunden aus dem Leben gerissen wurde und keine Chance hatte um sein Leben zu kämpfen. Die folgenden Tage gehören zu den schlimmsten meines ganzen Lebens, ich muss meinen kleinen Bruder zu Grabe tragen mit gerade einmal 16 Jahren.

Sein Roller war für Jo ein Stück Freiheit, endlich selbstständig zu sein und nicht immer Mama zu belasten, wenn er mal irgendwo hin musste. Und genau diese Freiheit kostete ihn sein Leben. Er musste mit seinem Leben für die Fehler eines Autofahrers bezahlen, der mit unserem Jo mit erhöhter Geschwindigkeit frontal zusammengestoßen ist, weil dieser besagte Autofahrer aufgrund der erhöhten Geschwindigkeit zu weit auf der Spur meines Bruders gefahren ist.

Innerhalb von Sekunden war Joshuas Leben beendet. Was uns bleibt sind die Erinnerungen und die Liebe, die Jo uns gegeben hat. Und diese Liebe, die er mir in seinen 16 Jahren schenkte, ist genau diese Liebe, die mich weiter am Leben hält und die mir sagt, dass ich kämpfen werde bis zu dem Tag, an dem ich meinen kleinen Bruder wiedersehe.

Wie ich mit der Trauer nach dem Tod meines Bruders umgehe, erzähle ich nun in den folgenden Zeilen.

Ich war schon immer ein Mensch, der mit der Trauer und dem Verlust eines Menschen offen umging, alles andere machte für mich keinen Sinn. Als ich 15 Jahre alt war, ist unser Opa verstorben. Auch dieser Verlust traf mich sehr, da wir sehr viel Zeit mit unserem Opa verbrachten. Was mir dabei half, war über meinen verstorbenen Opa zu reden, über seine Witze zu lachen und daran zu denken, was für eine wunderschöne Zeit wir miteinander verbracht haben. Nie im Leben hätte ich jemals daran gedacht, meinen kleinen Bruder jemals zu Grabe zu tragen. Man weiß zwar, dass der Tod zum Leben gehört, aber wenn ein 16-jähriger lebensfroher Junge von heute auf morgen einfach aus dem Leben gerissen wird, ist so was unverständlich. Wenn ich heute noch daran denke, wie ich ihn zum letzten Mal in seinem Anzug im Sarg liegend sah, treibt es mir auch heute nach drei Jahren die Tränen in die Augen. Man kann den Tod eines geliebten Menschen nie vergessen, man lernt nur irgendwann damit umzugehen, der Schmerz aber, der bleibt immer. Ich hatte vor drei Jahren das Gefühl, ich müsse aufgeben. Wie soll das Leben nur weitergehen ohne unseren Sonnenschein, der mit all seiner Liebe und Wärme die Familie aufgeheitert hat. Ich war kurz davor aufzugeben und zu sagen, ich kann nicht mehr ohne meinen Jo leben. Bis zu dem Tag, an dem ich kapierte, dass Aufgeben keine Lösung mehr für mich war. Ich dachte immer daran was Jo machen würde, wenn er an meiner Stelle wäre. Jo hätte nicht einfach so aufgegeben, er hätte gekämpft bis zu dem Tag, an dem wir uns wiedersehen. Und genau das werde ich auch tun, ich kämpfe weiter mit meinem Bruder im Herzen. Es sind viele Dinge, die mich an Joshi erinnern und die mir jedes Mal wie ein Stich ins Herz vorkommen, wenn ich nur daran denke. Was mir hilft mit der Trauer umzugehen ist zu wissen, dass Jo immer in meinem Herzen weiterleben wird, so wie ich ihn in Erinnerung habe. Zu der Trauer kommt noch das Gefühl des Hasses, Hass auf den Menschen, der mir und meiner Familie dieses Leid angetan hat und ich wünsche mir von ganzen Herzen, dass dieser Mensch eines Tages seine gerechte Strafe bekommen wird.

Seit dem 20.06.2013 ist nichts mehr so, wie es war. Die Trauer begleitet einen ein ganzes Leben. Wer behauptet Zeit heilt alle Wunden, der irrt sich. Die Zeit lehrt einen nur, damit umzugehen. Einen geliebten Menschen zu verlieren, in meinem Fall meinen kleinen Bruder, ist so ziemlich der schlimmste Schmerz, den ein Mensch ertragen muss.

Es sind die kleinen Dinge, die mich immer wieder an meinen wundervollen Bruder erinnern, an die wunderschönen 16 Jahre, die ich mit ihm verbringen durfte. In gewissen Situationen habe ich das Gefühl, Jo ist mir so nah, als ob er noch leben würde. Manchmal treffe ich eine Entscheidung und weiß genau, Jo hätte dieselbe getroffen. Ich habe einen Weg für mich gefunden zu leben, mit meinem Bruder im Herzen, der mich auf allen meinen Wegen begleitet.

Mitte 2014 habe ich mich dazu entschlossen, Joshi nicht nur in meinem Herzen, sondern auch auf meinem Herzen zu tragen. Ich habe mir ein Tattoo mit einem blauen Schmetterling und seinem Namen tätowieren lassen. Ich habe mich aus dem Bauch heraus für einen Schmetterling entschieden, da ich ein paar Wochen nach Joshuas Tod eine einzigartige Begegnung mit einem Schmetterling hatte, der mir das Gefühl gab, ihn schicke der Himmel. Um welche Begegnung es sich handelte, erzähle ich nun.

Vorab muss ich noch erzählen, dass Joshi ein Faible für Rennautos hatte. Er erzählte immer, wenn er 18 sei, wolle er sich mal einen Clio RS Gordini kaufen. In Erinnerung an Joshi kauften meine Mutter und ich einen Clio GT Gordini, meine Mutter in Blau und ich in Weiß.

Nun zurück zum Schmetterling. Gemeinsam mit unserer Cousine hatten wir einen Grillabend in Gedenken an Joshi geplant, der Grillplatz befand sich nur wenige Meter davon entfernt, wo Joshi immer mit der Musikkapelle geprobt hatte. Ich bin mit meinem Auto schon mal vorgefahren, um den Platz zu reservieren. Ich setzte mich an den Grillplatz, legte meinen Autoschlüssel auf den Tisch und wartete auf meine Familie. Während ich in dieser Zeit viel über meinen Bruder nachdachte, setzte sich plötzlich ein Schmetterling direkt auf meinen Autoschlüssel. Man kann mich jetzt für verrückt halten, aber ich hatte plötzlich das Gefühl, mein Bruder ist mir ganz nah. Und das, was ich tue, ist genau richtig, nämlich in seinem Namen weiterzuleben. Nach diesem Erlebnis habe ich mich für einen Schmetterling entschieden. Blau sollte er sein, da es die Lieblingsfarbe von Joshi ist.

Manche Menschen tätowieren sich nach Lust und Laune, ich jedoch hab es aus voller Liebe und Erinnerung an meinem Bruder Joshua gemacht. Auch dieses Tattoo ist eines von den Sachen, die mir helfen, irgendwie mit dem Tod von Joshi klarzukommen. Es sind die Erinnerungen, die einem Kraft geben weiterzumachen und zu Leben im Sinne des Verstorbenen. Ich kann jedem Trauernden nur sagen, dass es für mich in meiner Trauer zu meinem Bruder Joshua wichtig ist, über ihn zu reden, über seine Witze zu lachen und in seinem Sinne das Beste zu geben und weiterzuleben. Die Kraft der Liebe, die uns der Verstorbene zurücklässt, lässt uns weitermachen um zu kämpfen für das, was einem guttut und was einem hilft, mit der Zeit damit umzugehen. Joshi ist am 05.09.2015 Onkel von meinem Sohn Ben Luca geworden und ich bin mir sicher, er passt von oben auf seinen kleinen Neffen auf. Wenn mein Sohn später nach meinem Tattoo fragt, welcher Name denn da steht, dann werde ich ihm von seinem wunderbaren, herzensguten Onkel im Himmel erzählen, der viel zu früh von uns gehen musste.

Mein Jo, we see us in heaven again!

In ewiger Liebe und Erinnerung an einen einzigartigen und wunderbaren Bruder!

Vanessa W.

Joshua W.
*25.02.1997 +20.06.2013

Die Leere, die da ist, seitdem du nicht mehr da bist, ist kaum auszuhalten ...
Ich vermisse dich so sehr mein großer Bruder ...
Ich möchte nicht, dass du jemals vergessen wirst, und deshalb habe ich mich dafür entschieden bei diesem Buch mitzuschreiben.

Ich bin dir so dankbar für die 15 Jahre, die ich mit dir erleben durfte, ich hatte eine sehr schöne Kindheit, dadurch, dass du nur ein Jahr älter bist als ich, haben wir immer alles miteinander gemacht, was Geschwister halt so machen. Wir waren immer zusammen Fußball spielen, Fahrrad fahren oder wir haben zusammen geschnitzt mit unseren Taschenmessern, du hast immer gesagt, dass ich immer von mir weg schnitzen soll, weil man sich sonst verletzen kann, du hast mir gezeigt, wie man selbst einen Pfeil und einen Bogen machen kann. Du hast mir so vieles beigebracht und so vieles gelehrt, und das soll vorbei sein?!

Du hast das Leben so geliebt und genossen, obwohl du es nicht immer leicht hattest, vor allem in der Grundschule. Dadurch, dass du die 2. Klasse freiwillig wiederholt hattest, waren wir in der 5. und 6. Klasse zusammen. Oftmals haben wir uns insgeheim einen kleinen Wettkampf geliefert, zum

Beispiel wer besser in den Klassenarbeiten war. Später dann ging ich auf die Realschule und habe dort dann auch meinen Abschluss 2015 absolviert, was du leider nicht mehr erleben konntest … Ich wollte bei der Einladung sogar fünf Leute angeben anstatt vier …

Du hattest immer ein klares Ziel vor Augen, erst wolltest du eine Ausbildung als Kfz-Mechatroniker machen und dann, nach ein paar Jahren, auf die Musikschule gehen, um dort Musik zu studieren. Doch du hattest dazu leider keine Chance mehr …

Das Jahr 2005 war für uns alle sehr schwer, weil dort unser Opa verstarb. Dies hat dich sehr geprägt, so wie uns auch. Du warst immer für uns alle da, vor allem für unsere Mama, die dadurch den Boden unter den Füßen verlor, du warst ihr immer eine Stütze und jetzt kannst du es nicht mehr sein … Ich werde versuchen diesen Part zu übernehmen. Seit dem Todestag von Opa hatte ich das Gefühl, dass du mich nicht mehr anfassen wolltest und ich weiß leider bis heute noch nicht WARUM. Bin mir aber sicher, dass du mit mir, wenn wir beide erwachsen gewesen wären, darüber geredet hättest, was dich dazu veranlasst hat. Wieder eine von vielen Fragen, die auch ich mit in das Grab nehmen werde … unbeantwortet.

Als wir beide 2010 mal wieder auf einen Baum geklettert sind, bin ich abgerutscht und an einem Nagel hängen geblieben, der in dem Baum steckte, dieser verursachte eine große blutige Fleischwunde an meinem Bauch, die später im Krankenhaus genäht werden musste.

Du saßest auf dem Baum und musstest erst mal lachen, weil ich rumrannte, bis du dann realisiert hast, dass ich mir wehgetan habe, dann bist du schnell runter geklettert und hast mich nach Hause gebracht.

Du hast mir immer geholfen und mich beschützt, egal was passierte und dafür möchte ich mich bedanken, für alles, was du je für mich getan hast. Ich hoffe, dass du das weißt …

Wir waren wie Zwillinge, was auch sehr viele Personen dachten.
Und obwohl du viel mit deinem Hobby, nämlich Trompete spielen, zu tun hattest, warst du stets für einen da und vor allem für Mama. Die Musik hat dir sehr geholfen, den Tod unseres Opas zu verarbeiten. Kurz nach seinem Tod wurdest du aktives Mitglied in einer Musikkapelle und spieltest so gut,

dass du kurz darauf von der Jugendkapelle in die Stammkapelle kamst. Ich war so stolz!

Du hast uns immer jeden Tag zum Lachen gebracht und deine Lieblingssprüche waren: „Chill dein Blutdruck" oder „Alles fresh?". Du bist jeden Tag eine Runde mit dem Sam (unserem Hund) gelaufen, ihr beide wart unzertrennlich und ich bin mir sicher, dass auch er dich sehr vermisst.

Und du hättest dich sicher auch gut mit Molly (unserem 2. Hund) verstanden, die wir im September 2014 aus Holland geholt haben. Du weißt bestimmt warum sie Molly heißt ...

Das waren alles so schöne Zeiten, die ich niemals vergessen werde.

2012 machtest du einen kleinen Ferienjob in den Sommerferien, dort wo auch unser Bruder arbeitet, du wolltest Geld verdienen um endlich den Rollerführerschein zu machen, weil du nicht wolltest, dass unsere Eltern dich immer in die Musikprobe fahren mussten, du wolltest ihnen etwas abnehmen oder auch mal einkaufen gehen.

Auch in diesem Jahr sind wir, wie jedes Jahr in den Urlaub gefahren, Kroatien war unser Ziel, du freutest dich wie ein Schneekönig endlich mal wieder am Meer zu chillen und einfach nur das Leben zu genießen, dies hast du dann auch getan, ich werde diesen letzten gemeinsamen Urlaub niemals vergessen, diese schönen Momente werden für immer ein Platz in meinem Herzen haben. Als wir in Kroatien ankamen, waren wir alle sehr erschöpft und haben uns erstmal ausgeruht. Auch Sam, der damals noch ein kleiner Welpe war (vier Monate), wollte schlafen. Am Tag darauf mussten wir einkaufen gehen, weil wir nichts zum Essen hatten, wir diskutierten wer mit geht oder wer nicht, weil wir zu sechst waren und nur mit einem Auto fahren wollten, du sagtest gleich, dass du bei deinem Sam bleibst, das hattest du immer an dir, du hast auf alle aufgepasst und vor allem auf Sam, der dir immer treu zur Seite stand, Freunde fürs Leben!!! Ein paar Tage später haben wir beschlossen ans Meer zu fahren um zu baden, als wir dann endlich eine geeignete Stelle gefunden haben, waren du und unser Bruder die ersten, die ins Wasser sprangen, du hast es so genossen, das hat man dir angesehen, du wolltest auch, dass ich von den Felsen ins Wasser springe, doch ich habe mich nicht getraut, jetzt im Nachhinein hätte ich es gemacht ... Wie in jedem Urlaub nahmen wir unsere Taucherausrüstung mit, aber nur einen Schnorchel und eine Taucherbrille, du hast es geliebt nach Muscheln, Steine und Fische zu tauchen, genauso wie ich, wir beide haben so viel miteinander erlebt und so viel zusammen gemacht, dass dieses Kapitel gar nicht ausreicht, dies alles zu schreiben ... Eines der größten Highlights in diesem Urlaub war, als wir uns ein Boot gemietet haben, wir haben uns sehr gefreut und wir sahen auch Delfine, als unser Dad mit dem Boot fuhr, fand er eine wunderschöne Bucht, dort haben wir dann auch angelegt und sind baden gegangen, das Meer war dort richtig schön türkis, wir haben natürlich auch wie immer getaucht, wir beide hatten einfach nur Spaß. Als wir dann wieder losfuhren, waren wir beide zuerst auf dem Boot und als wir dann unserer Mama helfen wollten, rutschte sie aus und fiel hin, wir beide schauten uns nur an, drehten uns um und lachten, aber dann haben wir gefragt wie es ihr geht. Und so war es immer, obwohl du lachtest, hast du dir stets immer Sorgen gemacht. Du warst, beziehungsweise bist ein toller großer Bruder und daran wird sich auch nie was ändern! Aber auch du brauchtest mal eine Pause und dann zogst du dich zurück in dein Zimmer gingst ans Laptop oder spieltest Trompete.

Dein Roller war deine Freiheit und diese Freiheit hat dich dein Leben gekostet.

Du fuhrst jeden Tag in die Schule und wieder zurück. Am 20.06.2013 gingst du wie jeden Morgen in die Schule, kamst aber früher als gedacht zurück, weil die Mittagschule ausfiel. Ich war zu Hause, weil es mir am Morgen nicht so gut ging, deshalb ging ich nicht in die Schule. Um ca. 13.00 Uhr hast du dich entschlossen mit unserem Hund Sam zu laufen, nach einiger Zeit, ca. 14.30 Uhr wunderte ich mich wo du bleibst, weil du noch nie so lang mit Sam gelaufen bist. Eine viertel Stunde später kamst du dann schließlich und gingst wieder in dein Zimmer. Um ca. 15.15 Uhr kamst du wieder aus deinem Zimmer und gingst in die Küche, gleichzeitig bin ich aus meinem Zimmer gekommen und ging ebenfalls in die Küche, dort standen wir dann herum und redeten, du sagtest, dass du gleich los musst, und dass ich auf Sam aufpassen soll, weil er sonst allein ist, also blieb ich in der Küche. Du sagtest aber nicht wohin du gehst, dies wunderte mich, ich fragte aber auch nicht nach ... Also gingst du in dein Zimmer, hast dich umgezogen, weil ich auf deinem T-Shirt noch einen Fleck fand. Du zogst deine Lieblingsschuhe und deine neue kurze Hose an. Als du gingst, hatte ich ein ganz komisches Bauchgefühl, als ob ich gespürt hatte, dass dies das letzte Mal wäre, dass ich dich lebend sehen würde ... Du zogst deinen neuen Helm auf, den dir unsere Schwester gekauft hat und fuhrst los, da war es ca. 15.50 Uhr. Du begegnetest unserem großen Bruder, der auf dem Motorrad wieder nach Hause kam. Dies war das letzte Mal, dass er dich gesehen hat ... Du fuhrst los, so wie immer, doch mit dem einen Unterschied, dass du nie wieder nach Hause kamst, beziehungsweise kommst ... Du fuhrst übers Freibad „hinten" herum, weil dort sehr wenige Autos fahren, doch an diesem Tag war es leider nicht so, du warst ein sehr vorsichtiger Fahrer und fuhrst nicht zu schnell und auch immer schön rechts, doch als du eine scharfe Kurve befahren hast, kam dir ein viel zu schnelles Auto entgegen und schoss dich radikal ab, du hattest keine Chance und keine SCHULD! Du konntest nicht mehr um dein Leben kämpfen, du hattest überhaupt keine Chance dazu, denn ich bin mir sicher, dass du gekämpft hättest, so wie immer!

Ich war in meinem Zimmer, weil in der Zwischenzeit auch unser Dad schon da war, ich war am Laptop, bis ich plötzlich so um ca. 17.20 Uhr im Internet angeschrieben wurde, ob mein Bruder noch lebt, war die Frage ... Ich war völlig schockiert und rannte hoch zu unserem Dad und schilderte ihm die Einzelheiten, ich rief unsere Mam auf dem Telefon an, weil sie an diesem Donnerstag Spätschicht hatte. Ich fragte: „Mam, ist Jo bei dir?!". Sie sagte nein und fragte warum, ich erklärte es ihr und sie hat versucht mich zu beruhigen, doch ich wusste es schon von Anfang an, dass es wahr ist. Als mein Bruder es dann mitbekam, gingen er und mein Vater Joshi suchen, als

47

sie dann gingen, klingelte es an der Haustür und von da an war ich mir sicher, dass etwas nicht stimmt, ich rannte zur Haustüre und machte auf und da sah ich dann die Polizeibeamten, doch sie sagten mir nicht was mit meinem Bruder ist, sie haben nur gefragt ob meine Eltern zuhause sind. Ich sagte, dass meine Mama arbeiten ist und mein Vater zusammen mit meinem Bruder Joshi suchen ist. Als sie da dann so komische Blicke austauschten war mir es klar ... Ich sollte meine Schuhe anziehen und dann mit ihnen mitkommen, als ich dann hinauskam, sah ich wie unser Auto da stand, wo mein Dad und mein Bruder Daniel waren. Sie haben geweint ... Und von da an war ich mir zu 100% sicher, dass du nicht mehr wiederkommst, doch bis heute hat mir niemand gesagt, dass du tot bist, keiner! ...

Deine Beerdigung war sehr schlimm für uns alle, es waren so viele Menschen da, so viele, dass die Kirche fast zu klein war, jeder schätzte dich und deine Art und alle hatten dich sehr gerne.

Als wir deinen Grabstein aussuchten, war uns klar, dass dies ein ganz Besonderer sein soll, denn du warst und bist etwas ganz Besonderes, also haben wir beschlossen, dass der Grabstein eine eingravierte Trompete haben soll und einen Spruch sollte auch darauf sein. Also ließen wir einen anfertigen - wunderschön wurde er. Zudem ließen wir noch eine Platte machen, in der ein Herz als Pflanzenstreifen ausgeschnitten wurde und dazu noch ein Herz mit deinem Bild, das jetzt fest auf deiner Grabplatte befestigt ist.

Ich vermisse dich so, als du gingst, ging ein Teil von mir mit. Aber erst nach so einem Schicksalsschlag stellt man fest, wer die wahren Freunde in deinem Leben sind, und wer wirklich für einen da ist. Viele haben sich von mir abgewendet, und zwar die, von denen man glaubte, dass sie auf jeden Fall die wahren Freunde sind. Ich wurde von vielen unterstützt vor allem auch von meiner ehemaligen Klassenlehrerin, ohne sie hätte ich die Schulzeit wahrscheinlich nicht so gut geschafft. Danke.

Vieles ist so anders geworden seitdem du nicht mehr da bist, ich hoffe so sehr, dass es irgendwann Gerechtigkeit gibt ...
Mein Leben wird nie wieder so sein wie es vor Juni 2013 war, ich denke jetzt anders über das Leben und den Tod, „tu immer das worauf du Lust hast, denn du weißt nie, ob du noch die Chance dazu hast".
Deswegen habe ich mir auch ziemlich bald nach deinem Tod ein Tattoo stechen lassen, auf das Handgelenk mit dem Spruch: „STAY STRONG".

Dieser Spruch soll mich mein ganzes Leben lang begleiten. Es werden weitere Tattoos folgen, mit deinem Namen usw.

Und doch weiß ich, dass ich dich wiedersehen werde eines Tages und bis dahin werde ich weiterkämpfen für dich und mit dir im Herzen. Die Erinnerungen an dich geben mir Kraft, und obwohl ich manchmal schon oft kurz vor dem Aufgeben war, habe ich stets weitergekämpft, weil ich mir immer dachte, dass das niemals in deinem Sinne wäre und dass du das nicht willst. Ich freue mich dich wiederzusehen mein großer Bruder. Doch die Frage WARUM wird immer bleiben ...

In loving memory

Luana W.

Julienne H.
*14.08.1993 +09.08.2010

„Always on my mind – Forever in my heart"

Julienne war meine kleine, jüngere Schwester.

Im Alter von 8 Jahren wurde bei ihr festgestellt, dass sie unter epileptischen Anfällen leidet, dies wurde jedoch regelmäßig kontrolliert und sie wurde auf Tabletten eingestellt. Dadurch kamen diese Anfälle immer weniger vor und sie konnte bis zu ihrem letzten Tag ein unbeschwertes Leben leben. Sie verstarb im Alter von 16 Jahren.

Wir waren dreieinhalb Jahre auseinander. Wie sich sicher jeder vorstellen kann, haben wir uns nicht immer so gut verstanden – Geschwisterliebe halt.

Jedoch immer, wenn es drauf ankam, haben wir wie Pech und Schwefel zusammengehalten. Selbst wenn ich krank war, kümmerte sie sich rührend um mich, da war jeglicher eventueller Streit vergessen.

Eigentlich wie eine ganz normale Geschwisterliebe!

Nichtsdestotrotz hat sie mich oftmals auf die Palme gebracht. Wenn sie nicht gerade meine Schminke benutzte, hatte sie Klamotten von mir an. Es war egal, ob ich es erlaubt habe oder nicht, genommen hat sie sich immer das, was sie gerade brauchte. Oftmals hat sie gewartet, bis ich geschlafen habe oder bereits aus dem Haus war, um an meine Klamotten zu kommen, wenn ich es mal nicht erlaubt habe. Nicht mal das Abschließen meines Zimmers konnte sie davon abhalten.

Anfangs suchte sie den Schlüssel, den ich damals im Haus versteckt hatte, später, nachdem ich den Schlüssel mitnahm, probierte sie solange alle Schlüssel der anderen Türen aus dem Haus aus, bis sie den richten gefunden hatte.

Mit Julienne wurde es wirklich nie langweilig.

Unsere Mutter sagte immer, dass was ich nicht erzählt habe, hat Julienne 10-mal nachgeholt. Sie erzählte wirklich alles, auch Sachen, die man vielleicht gar nicht wissen wollte.

Ihr war nichts peinlich.

Ich habe sehr viele Gedanken an sie bzw. an Situationen, in denen sie dazu beigetragen hat. Zum Beispiel war ich 2009 bei uns im Dorf Hofdame bei unserem Schützenfest, leider war sie noch zu jung, um das auch zu machen, aber sie war immer dabei. Sie wollte das auch unbedingt mal machen. Meine Eltern hätten ihr diesen Traum auch erfüllt, aber leider kam es dazu nicht mehr.

… Die letzte Feier, die wir miteinander verbrachten, war Juliennes Firmung. Da waren wir alle fröhlich und haben den schönen Tag genossen. Wir feierten mit der ganzen Familie und vielen Freunden von Julienne.

Mit Julienne mussten wir viel durchmachen. Sie hatte es in der Schule leider nicht immer einfach und musste daher auch schon früh die Schule wechseln, wodurch sie Leute/Schulkameraden kennenlernte die sie leider etwas auf die schiefe Bahn gebracht haben. Doch selbst das haben wir als Familie gemeistert und ich habe oftmals versucht sie zu verteidigen und sie aus schwierigen Situationen herauszuholen.

Später, zum Ende ihrer Schulzeit, hatte sie wieder Ziele, hatte tolle neue Freunde und war wieder super in der Schule. Sie hatte bereits nach dem Schulabschluss eine weiterführende Schule gefunden, womit sie ihrem Traum Kinderkrankenschwester zu werden, immer näher gekommen wäre. Diese sollte sie nach den Sommerferien beginnen, doch leider sollte es so weit nicht mehr kommen. Ich war so unendlich stolz auf sie, dass sie wieder auf dem richtigen Weg war und dann kam der Tag, den ich mir habe nie vorstellen können.

Natürlich haben wir uns nicht immer gut verstanden, aber nichtsdestotrotz wollte ich niemals ohne sie sein.

Am 9. August 2010 kam ich in meiner Mittagspause nach Hause, unsere Mutter hatte gekocht und Julienne war noch am Schlafen, zumindest dachten wir das zu diesem Zeitpunkt noch. Sie hatte unserer Mutter frühmorgens einen Zettel geschrieben, dass sie ihr bitte Geld dalassen sollte, da sie

Sommerferien hatte und mit ihren Freunden etwas unternehmen wollte. Als wenn sie es wusste, schrieb sie auf den Zettel noch die Uhrzeit „5:30". Dass dieses einmal zur Bedeutung von etwas werden würde, war uns nicht klar. Sie schlief immer gerne lange, daher war es nichts Ungewöhnliches, dass sie, wenn sie so lange wach war, noch am Schlafen war.

Wir gingen, als das Essen fertig war, zu ihr hoch, um sie zu wecken. Doch Mama bemerkte schnell, dass etwas nicht stimmte. Für mich sah es so aus, als wenn sie wieder einen ihrer epileptischen Anfälle hatte, denn danach schlief sie immer sehr tief und man hat sie nur schwer wach bekommen. Doch anhand von Mamas Reaktion verstand ich schnell, dass es diesmal etwas anderes war. Sie war bereits von uns gegangen.

Sie erlitt an diesem Morgen einen schweren epileptischen Anfall, der sich zu einem toxischen Anfall verwandelte. Sie verstarb in der Zeit, in der mein Vater meine Oma zum Bahnhof brachte. Als wenn sie es wusste, dass niemand da ist, um Ihr zu helfen. Denn mein Vater hat immer alles mitbekommen, er wusste immer, wenn etwas nicht stimmte, egal wie weit Julienne von ihm weg war. Dieses Mal sollte er es wohl nicht mitbekommen.
Dabei haben wir einen Tag zuvor noch unsere Oma verabschiedet, da sie in den Urlaub fahren wollte. Julienne wollte, dass wir uns alle noch mal in den Arm nehmen – gemeinsam. Sie stand zuerst direkt neben mir, da wir uns aber vorher noch gestritten hatten, wollte ich sie nicht umarmen. Den ganzen Abend über haben wir uns nicht mehr vertragen. Ich konnte ja nicht ahnen, dass es das letzte Mal sein würde, wo ich sie lebend gesehen habe.
Da ahnte ich noch nicht, dass mich genau diese Situation fast auffressen würde.

Seit dem 9. August 2010 ist sie einer der wertvollsten Engel am Horizont.
An die Tage danach bis zur Beerdigung kann ich mich nicht mehr so genau erinnern. Wir mussten lange warten, bis sie von der Kriminalpolizei freigegeben worden ist, da sie noch obduziert wurde. In dieser Zeit hätte Julienne jedoch noch Geburtstag gehabt. Sie wollte mit Freunden auf einer Sommernachtsparty im Nachbarort ihren Geburtstag feiern. Da sie ja nun bereits im Himmel war, war für mich klar, dass ich hinging, um auf sie anzustoßen. Ein paar meiner Freunde begleiteten mich. Sie ließen mich eh nicht mehr alleine. Irgendwer war immer für mich da.

Danach habe ich mich in die Arbeit gestürzt und alles selber gestaltet, das war ich ihr schuldig. Von der Trauerkarte bis hin zur Danksagung, alles habe ich mit meiner Mutter selber gemacht.

Jedoch kann ich mich an eine Situation noch gut erinnern, obwohl - genaugenommen sind es mehrere. Ich hatte ganz oft, auch schon kurz nach Juliennes Tod das Gefühl, dass nachts, wenn ich wach wurde, jemand neben mir sitzen würde, ich wusste, dass es Julienne ist. Als wenn ich davon wachgeworden bin, dass sich jemand an den Rand meines Bettes gesetzt hat. Ich glaube, sie wollte mir zeigen, dass sie immer noch da ist und mir Kraft gibt.

Ich war die ganze Zeit nach außen hin sehr stark. Ich dachte, ich muss das, da Mama und Papa genug Trauer in sich getragen haben und ich ihnen nicht noch zusätzlich zur Last fallen wollte.

Der Tag der Beerdigung war zwar ein harter und sehr schmerzvoller Tag - jedoch auch ein sehr bedeutungsvoller Tag für mich. Es tat gut zu sehen, wer alles an Julienne denkt und sie vermisst. Der gesamte Platz vor der Friedhofskapelle war voll, voll von Freunden und Bekannten von Julienne jedoch natürlich auch von unserer Familie und Freunden der Familie. Ebenso habe ich an diesem Tag wirklich gemerkt, was Freundschaft bedeutet und wer diese schätzt. Ganz wichtige Freunde von mir waren da, teilweise kannten sie Julienne kaum, aber sie waren da, einfach um für mich da zu sein. Ich bin zwei Tage nach der Beerdigung mit meinem damaligen Freund in den Urlaub geflogen. Meine Eltern hatten drauf bestanden, dass wir fliegen, da der Urlaub bereits Monate vor dem Tod Juliennes gebucht war. Doch die Ankunft dort war für mich fürchterlich. Ich konnte es nicht genießen.

Ich saß am Pool und war einfach nur am Weinen. Ich konnte gar nicht aufhören. Ich glaube, da ist die Anspannung der vorherigen Wochen wirklich von meinen Schultern gefallen. Weit weg von zuhause. Meine Eltern konnten es nicht sehen – einfach mal nicht stark sein müssen. Dazu kam, dass ich wusste, dass Julienne so etwas nicht mehr erleben würde. Die Tage danach versuchte ich einfach etwas runterzufahren und den Urlaub etwas zu genießen und neue Kraft zu sammeln.

Wieder zuhause, versuchte ich mein Leben, wie vor dem Tod meiner geliebten Schwester, weiterzuleben. Doch überall wurden mir Steine in den Weg gelegt. Ich war halt einfach der Meinung, dass Julienne mit ihren 16 Jahren nicht gewollt hätte, dass ich zuhause sitze und nichts mehr mache. Jedoch war das gar nicht so einfach. Ich ging wieder arbeiten, doch dort wurde ich wie eine Aussätzige behandelt. Alle packten mich in Watte und versuchten möglichst nicht mit mir zu sprechen. Wahrscheinlich hatten sie einfach Angst, etwas Falsches zu sagen oder zu machen. Doch genau mit diesem Verhalten kam ich nicht zurecht. Ich wollte einfach normal wieder arbeiten, so wie ich es immer gerne getan habe. Doch das war dort in der Firma leider nicht mehr möglich.

Auch zuhause veränderte sich einiges, höchstwahrscheinlich auch unterbewusst. Mein Vater kam z.B. immer öfter zu mir, fragte mich, wie es mir geht, nahm mich viel mehr in den Arm und interessierte sich generell mehr für mich und mein Leben. Eine Situation, mit der ich wirklich nicht gerechnet habe und mit der ich nur schwer klarkam. Man muss dazu wissen, dass ich mir in meinem Leben immer alles selber erarbeitet bzw. gemeistert habe. Das soll nicht heißen, dass meine Eltern nicht für mich da waren – ganz im Gegenteil, sondern dass ich es eigentlich immer ohne Hilfe schaffen wollte und es oftmals auch geschafft habe. Sie brauchten sich um mich einfach selten zu sorgen, dafür war Julienne da, die durch ihre Krankheit, gerade bei meinem Vater, immer einen Sonderstatus hatte. Für mich war das immer OK, ich wusste einfach immer, wenn ich Hilfe brauche, sind sie auch für mich da. Sie haben mich sowieso immer genauso geliebt und lieben mich wie Julienne.

Das alles in Verbindung damit, dass wir in einem Dorf leben und man sich dort immer sehr viel erzählt und auch über uns damals teilweise viel geredet wurde, habe ich ein halbes Jahr später beschlossen, vorerst hier wegzuziehen.

Ich musste wieder zu mir finden, Ruhe einkehren lassen und versuchen das alles zumindest ein bisschen zu verarbeiten.
Daher zog ich in eine angrenzende Stadt – 20 Minuten von zuhause weg. Weit genug weg, um Luft zu holen, aber auch nah genug, um meine Eltern oft und immer zu sehen, wenn mir danach war. Für meine Mutter war es keine leichte Situation, sie kam nur schwer damit klar, innerhalb von kurzer Zeit, beide Kinder irgendwie gehen zu lassen.

Doch ich musste in diesem Moment an mich denken, ich konnte so nicht mehr weitermachen.
Heute weiß ich, dass es für mich die beste Entscheidung war, die ich hätte treffen können. Ich habe mein Leben einfach stark verändert, da ich weiterleben wollte, mit genauso viel Lebensfreude wie vor dem Tod von Julienne. Für mich war klar, es bringt mir meine kleine Schwester nicht wieder zurück, wenn ich mich nur zuhause einsperren würde. Hätte es etwas gebracht - hätte ich es getan. Julienne wollte, dass ich weiterlebe – das spürte ich. Also tat ich es für mich aber vor allem für sie. So wie jeder von uns.

Nach eineinhalb Jahren weg vom Dorf und neuem Job lernte ich meinen heutigen Mann kennen. Er brachte mich dazu, wieder nach „Hause" zu kommen, zurück ins Dorf.

Anfangs war die Vorstellung sehr schwer für mich, aber nach kurzer Zeit merkte ich, dass das hier mein „ZUHAUSE" ist. Aber Julienne war immer dabei.

Ich hatte immer überall Bilder von ihr hängen, ging regelmäßig zum Grab und selbst in meinen Träumen war sie da und gab mir Kraft, die ich manchmal vielleicht für kurze Zeit verloren hatte.

Es passierte so viel, in so kurzer Zeit.

Mein heutiger Mann machte mir bereits nach 6 Monaten einen Heiratsantrag. Am 30. August 2013 wurde dann geheiratet. Ich wollte, dass der Monat August nicht nur mit „negativen" Gedanken überschüttet wird. Daher war es mir wichtig im August zu heiraten. Manch einer hat uns für verrückt gehalten und dieser Ehe keine Zukunft gegeben, doch nach all dem, was ich bereits bis dahin erlebt hatte, wusste ich einfach, dass es so sein sollte.

Es war einfach perfekt – na ja fast perfekt. Natürlich fehlte auch hier Julienne. Niemand anders wäre besser geeignet gewesen als Trauzeugin, als sie. Doch da ich mir dies nicht mehr aussuchen durfte, wurde sie überall und am ganzen Tag der Hochzeit irgendwie mit eingebunden. Eine Freundin meiner Schwester sang für uns in der Kirche u.a. auch das Lied, was ich und meine Familie mit Julienne verbinden („The Rose"). Meine Mutter las eine Fürbitte vor, in der sie meine Schwester natürlich erwähnte, ich trug das Armband, was ich einst Julienne zur Firmung geschenkt hatte, wo drauf steht „Wie in guten – so in schlechten Zeiten" und wir sind zum Grab meiner Schwester gegangen, gemeinsam mit meinen Eltern und unserem Fotografen, um dort einen Blumenstrauß niederzulegen, den gleichen, wie zu unserer kirchlichen Trauung. Dank unseres Fotografen wurde selbst diese - doch widersprüchliche - Situation in Bildern wundervoll festgehalten. Ich wollte unbedingt im Brautkleid zum Grab, ich wollte sie bei mir haben und ihr ein bisschen von diesem wundervollen Fest abgeben.

Egal was ich machte – ich wusste immer, dass sie bei mir war.

Kurz nach unserer Hochzeit erhielten wir die Info, dass ich schwanger sei.
Nie wollte ich Kinder - nach dem Tod von Julienne erst recht nicht. Zu groß war die Angst, dass meine Kinder einmal das gleiche erleiden müssten wie ich. Doch auch diese Einstellung änderte mein Mann in mir, wie so einiges andere. Er war der Mann, der kommen musste, um mein Leben zu verändern. Man kann mich für verrückt erklären, aber ich glaube auch damit hat Julienne was zu tun. Vielleicht lenkt sie mich von oben herab in die richtige Richtung.
Der Gedanke, zu wissen, dass Julienne das niemals miterleben darf, zerbrach mir fast mein Herz. Julienne liebte Kinder, daher konnte ich mir vorstellen, wie sie reagiert hätte.

Damit habe ich wirklich sehr gekämpft und oftmals auch bitterlich geweint. Aber es tat der Schwangerschaft und der eigentlichen Freude auf unseren Sohn keinen Abbruch. Ich wusste, dass sie ab der ersten Sekunde für ihn da ist und über ihn wacht.

Ich brachte am 08. Mai 2014 einen kerngesunden Jungen zur Welt. Ich schaue heute noch manchmal meinen Sohn an und sehe in ihm meine Schwester oder stelle mir vor, wie sie ihn „betüdeln" würde. Sie würde ihn abgöttisch lieben und wahrscheinlich ununterbrochen auf den Arm nehmen bzw. inzwischen mit ihm spielen und etwas unternehmen.

Sie fehlt halt einfach an jeder Ecke und manchmal fließen einfach die Tränen und ich kann es gar nicht kontrollieren.

Nach der Taufe unseres Sohnes war ich mir zu 100 % sicher, jetzt würde ihm niemals irgendwas passieren. Ich habe bis zum Tod von Julienne nicht wirklich an Gott geglaubt aber nun weiß ich, dass es da oben wirklich etwas gibt nach dem Tod. Nicht nur Gott wird auf ihn aufpassen, sondern auch seine Tante. Denn er hat nun den allerbesten Schutzengel am Himmel.

Zeit heilt sicherlich nicht den Schmerz, jedoch lässt die Zeit dich verstehen, ein bisschen besser damit umzugehen. Nach Juliennes Tod dachte ich lange, ich sei nun alleine, egal wann, ich wäre alleine - spätestens, wenn meine Eltern mal nicht mehr sind. Doch heute bin ich mir ziemlich sicher, dass sie, obwohl sie nicht mehr hier neben mir stehen kann, dennoch immer da ist und mir meinen/unseren Weg schon zeigen wird. Egal was vor ihrem Tod passiert war, ich weiß, dass sie mich genauso geliebt hat wie ich sie und sie mir sicher auch unseren Streit kurz vor ihrem Tod verziehen hat.

Jedoch weiß ich auch, dass wenn ich mich auf meine Freunde und Familie nicht so verlassen hätte können, ich das so niemals überstanden hätte. Sie haben das größte Dankeschön verdient! Ohne sie wäre ich heute nicht da, wo ich heute bin. DANKE!

Egal was auch noch kommt und passieren mag – Julienne wird IMMER in meiner Nähe sein.

Zum Abschluss möchte ich euch gerne noch den ersten Brief zeigen, den ich Julienne damals geschrieben habe.

Hallo meine Kleine,
heute ist mein Geburtstag, eigentlich sollte das einer der schönsten Geburtstage sein – endlich zu 100 % volljährig – doch so wirklich freuen kann ich mich nicht, du bist nicht hier bei mir. Der erste Geburtstag ohne dich. Es tut so verdammt weh. Kann immer noch nicht damit umgehen.
Übermorgen sind es schon sechs Monate ohne dich (meine kleine geliebte Schwester)!
Nie war mir wirklich bewusst, was es heißt, eine zuckersüße Schwester zu haben, doch wie mit vielen Sachen im Leben merkt man so etwas erst dann, wenn es weg ist … ich hoffe, du verzeihst mir. Ich hab dich immer sehr geliebt und tu dies auch heute noch. Du fehlst mir hier sehr. Wahrscheinlich werde ich nie verstehen, weshalb du gehen musstest …
Ich vermisse dich sehr!
In Liebe, deine große Schwester
(die sich sehr darauf freut, dich irgendwann wiederzusehen)

Ich werde SIE niemals vergessen.
Ich liebe sie heute genauso wie damals, werde sie auch immer lieben und in meinem Herzen weitertragen.

In Liebe
deine große Schwester

Jacqueline R.

Liam Sebastian Frank C.
*11.05.2012 +20.11.2013

„Engel im Alltag"

Lea Sophie (5 Jahre)

Malya Yara K.
*29.10.2010 +21.09.2012

Maly

Ich habe große Angst vor dem Vergessen. Nur weil man vor etwas Angst hat, heißt es nicht, dass es einem nicht passiert. Im Gegenteil, ich denke, dass das, wovor man am meisten Angst hat, am häufigsten geschieht. Ich bin ehrlich, ich habe vieles vergessen oder eher verdrängt? Deswegen werde ich mich mit meiner Geschichte kurz halten.

Man hört oft davon, dass man es spürt, wenn einer Person, die man liebt etwas zustößt. So war es auch bei mir.
Ich habe nie an so etwas geglaubt, bis zu jenem Tag, an dem ich selber die Erfahrung gemacht habe.

Es war Freitag und ich war auf dem Weg nach Hause. Mir wurde unbehaglich und schlecht. Zu dem Zeitpunkt wusste ich noch nicht, dass dieser Schmerz ein Witz gegenüber dem sein wird, was ich noch spüren würde ... Ich stieg aus dem Bus - so wie immer. Mit schnellen Schritten machte ich mich auf den kurzen Weg nach Hause. Das Einzige, was ich dann sah, war ein Auto in der Auffahrt. Ein Rettungswagen. Es schien so, als ob mein sowieso schon viel zu schwerer Rucksack mich auf den Boden reißen wollte. Unzählige Tränen suchten sich einen Weg über meine Wangen. Ich blieb stehen, wollte schreien, sofort wieder weglaufen. Ich hatte Angst vor dem was passiert sein könnte und wollte mit allen Mitteln der Wahrheit entkommen. Doch bevor ich weiter über eine Flucht vor der Zukunft nachdenken konnte, wurde ich abgefangen und zu meinen Nachbarn gebracht. Etliche Gedanken drängten sich durch meinen Kopf und verursachten mir unerträglichen Schmerz. Wen hat es getroffen? Zuerst kam mir mein Vater in den Sinn, danach meine Mutter. Nein, niemand der beiden.

Auf die Antwort musste ich lange warten und am Ende war es keiner der genannten, sondern meine kleine Schwester:

Malya Yara

Maly.

In mir brach etwas zusammen. Es fühlte sich so an, als würde meine kleine Welt, um die ich mich liebevoll kümmerte, zerstört werden.

Ich war die Jüngste in der Familie, was ich ganz und gar nicht mochte. Viel lieber wollte ich immer jemanden haben, den ich beschützen und beim Wachsen zuschauen kann. Und tatsächlich wurde dieser Wunsch erfüllt. Ich bekam eine kleine Schwester. So würde ich es gerne beschreiben: Sie war für mich eine kleine, zerbrechliche Welt, auf die ich unter allen Umständen aufpassen musste. Ich würde behaupten, dass ich eine gute große Schwester war. Meine kleine Welt liebte ich über alles und wäre zu allem bereit gewesen, sie zu beschützen. Doch dann kam der Tag, an dem diese kleine Welt zusammenbrach. Das Schlimmste an allem war, dass ich keine Chance hatte, etwas dagegen zu tun, ich war zu langsam um sie vor dem Fallen zu halten.

Gefangen in der Realität, aber trotzdem nicht ganz da, halbtot, so würde ich meinen Zustand in diesem Moment bezeichnen. Ich denke diejenigen, die das Gleiche erlebt haben, werden wissen, wie ich mich gefühlt habe.

Ich habe Angst davor Dinge zu vergessen und trotzdem passiert es. An dieses Wochenende kann ich mich kaum erinnern. Doch zwei Dinge werde ich niemals vergessen:

Die erste Sache ist, der ratlose und kaputte Gesichtsausdruck meiner Mutter, nachdem sie mir sagte, dass sie ins Krankenhaus fahren wird. Ich solle nach Hause gehen und alles so wie immer machen.
Das Zweite sind Blumen, die auf dem Küchenfenster standen und ihre Köpfe schon hängen ließen. Ich gab ihnen neues Wasser. „Sie werden wieder blühen, genauso wie die Blumen meiner kleinen Welt, Maly", dachte ich. Doch die Blumen haben nie wieder geblüht und uns nie mehr ihre strahlend gelben Blüten gezeigt.

Ihre Beerdigung fand eine Woche später statt. Natürlich ist es nicht einfach gewesen, aber es wurde nur ihr Körper unter die Erde gelegt. Ich habe keinerlei Bindung zu ihrem Grab, denn Maly ist für immer bei ihrer Familie, hier zu Hause, ungefähr 20 Kilometer von ihrer Ruhestätte entfernt, wo lediglich nur ihr Körper, der wohl jetzt schon eins mit der Welt ist, liegt.

Einige finden es unheimlich, dass ich nun in Maly's altem Zimmer schlafe. Die Angst von den Anderen kann ich verstehen, aber ich habe nun mal eine andere Bindung zu ihr. Jede Nacht schlafe ich friedlich an jenem Ort, an dem sie ebenfalls ihren Schlaf fand. Manchmal habe ich sogar das Gefühl, als könnte ich sie spüren und ich muss anfangen zu lächeln. Natürlich würde ich sie lieber in meinen Armen halten. Doch ich weiß, dass es ihr gut geht, egal wo sie jetzt ist.

Es heißt Tote existieren nicht. Doch solange wie ihre Familie, mich eingeschlossen, an sie denkt, wird sie für immer in unserem Herzen weiterleben. Wir könnten eines Tages vielleicht ihr Aussehen aus dem Gedächtnis verlieren, aber niemals wird man ihr ehrliches Lachen vergessen und das ist es, worauf es ankommt.

Lange Zeit hatte ich Angst davor zu lachen und glücklich zu sein. Ich wollte meiner Familie gegenüber nicht zeigen, dass ich sehr schnell lernte mit Maly's Tod umzugehen. Lieber spielte ich Traurigkeit vor, damit sie mich nicht als herzlos empfanden und es war schwer, verdammt schwer. Innerlich war ich glücklich, konnte mit alle dem leben und von außen ließ ich den Anschein, dass ich ein trauriges kleines Mädchen bin, das mit dem Schicksal nicht klarkommt.

Heute schäme ich mich für dieses Verhalten. Ich hätte meiner Familie Kraft geben müssen und sie mit einem herzlichen Lächeln anstecken sollen.
Was tat ich? Genau das Falsche. Ich weinte mit, überließ sie allein ihrer Traurigkeit. Ich fühle mich schuldig gegenüber meiner Familie, vor allem auch gegenüber meiner kleinen verstorbenen Schwester.

Es zerreißt mir das Herz bei dem Gedanken, dass sie uns beobachtet hätte. Sie hat so gerne gelacht und dann sieht sie uns mit roten, verweinten Augen. Ich lebe heute gut mit allem was passiert ist. Ich akzeptiere es. Ohne dieses Ereignis wäre ich nicht die, die ich heute bin. Meine Ansichten über das Leben haben sich geändert. Ich hatte immer schreckliche Angst vor dem Tod, heute habe ich mich damit abgefunden. Es ist leicht gesagt, aber ich habe keine Angst vor meinem letzten Atemzug. Ich bin darauf vorbereitet und genieße mein Leben in vollen Zügen, denn ich weiß, es kann jederzeit vorbei sein.

Es ist unglaublich wichtig auf seine Gefühle zu hören, wenn du traurig bist, dann sei es! Weine, schreie und lass deine Wut heraus! Aber wenn du glücklich bist, dann sei dies auch. Niemand wird dich dafür hassen, dass du lachst und glücklich bist. Egal wie traurig du gerade bist, eines darfst du nicht: Verlerne niemals auch wieder zu lächeln!

Lara Mareen Rose K.

Marcel R.
*06.03.2001 +21.07.2010

Sommerferien

Heute ist Mittwoch, der 23. Juni 2010 und ich habe meinen letzten Schultag in der 7. Klasse. In den Sommerferien habe ich vor, in die Schweiz zu fahren, um dort meine Oma zu besuchen. Bis es soweit ist, verbringe ich noch eine Menge Zeit mit dir und Patricia, unserer Schwester. Wir gehen zusammen im Stadtbad schwimmen oder verbringen die Zeit in der Umgebung. Am Samstag, dem 03. Juli 2010, verabschiede ich mich von dir. Ich umarme dich und sage: „Bis in vier Wochen!" Du sitzt in dem Moment an deinem Computer und lässt dich gar nicht groß weiter stören. Du drehst dich gar nicht zu mir um, um mir richtig Tschüss zu sagen, aber das ist typisch für dich. Am nächsten Morgen geht es dann endlich los, meine aufregende Reise als 13-Jährige, allein mit dem Zug in die Schweiz zu fahren. Meine Oma holt mich am Bahnhof in Basel ab. In der ersten Woche bei ihr machen wir ganz viele tolle Dinge. Am Sonntag, dem 11. Juli 2010, fahren wir zu meiner Tante. Dort verbringe ich dann den Rest der Zeit. Ich habe so eine tolle Zeit mit ihr und genieße es echt. Es sind meine ersten Ferien ganz alleine in einem fremden Land. Ich genieße die Aufmerksamkeit und vor allem die Zeit mit meiner Familie.

Am Mittwoch, dem 21. Juli 2010, gehen meine Tante und ich ins Kino. Als bei dem Film eine Pause ist, ruft meine Oma meine Tante an. Meine Oma weint am Telefon und sagt, dass wir so schnell es geht nach Hause kommen sollen. Auf dem Weg nach Hause schießen mir tausend Gedanken durch den Kopf. Irgendwas muss passiert sein. Ich denke daran, dass bei mir zuhause etwas nicht in Ordnung ist, ich habe den Gedanken, dass meinem Stiefvater etwas zugestoßen ist oder ist jemand gestorben? Als wir bei meiner Tante zu Hause sind, sitzt meine Uroma draußen auf einem Stuhl. Ich wundere mich, wieso sie auch da ist. Wenige Minuten später kommt dann auch meine Oma. Sie weint und nimmt mich ganz fest in den Arm und sie hört nicht mehr auf zu weinen. Sie bittet mich, mit ihnen hinein zu gehen, ich soll mich setzen. Sie erzählt mir direkt, dass du gestorben bist. Du bist in dem Stadtbad ertrunken. Als sie den Satz sagt, spüre ich nichts mehr. Ich heule einfach los. Ich bin wie gelähmt. Ich sitze einfach da und weine mir die Seele aus dem Leib. Ich ziehe mir fast die Haare aus dem Kopf, so sehr bin ich am Boden zerstört. Sie erzählt mir noch einige Dinge, aber ich kann nicht mehr zuhören. Ich will nur noch nach Hause. Ich rufe meine Mama an und bettle sie an, irgendwie nach Hause kommen zu dürfen. Das Problem ist, dass mein Onkel am 28. Juli 2010 nach Deutschland zu uns fahren will und er soll mich mitnehmen.

Ich weiß nicht, was ich machen soll, also flüchte ich nach draußen. Ich will raus aus diesem Haus, es ist mir alles zu viel. Stellt euch vor, dass euch gesagt wird, dass ihr einen Menschen, einen wunderbaren Menschen, den ihr liebt, verloren habt. Ihr seid machtlos und könnt gar nichts dagegen tun. Das Gefühl ist unbeschreiblich, aber es ist eines, das ich wirklich niemandem auf der Welt wünsche. Als ich wieder bei meiner Tante ankomme, weine ich immer noch. Ich habe noch nie so einen Schmerz gefühlt. Ich gehe in mein Zimmer ins Bett und liege einfach da. Ich kann nichts tun. Ich will nichts tun. Nicht essen, nicht schlafen, nicht reden, ich will einfach nur hier liegen. Meine Tante erzählt es dem Nachbarn, denn der macht sich Sorgen. Er kommt hoch mit meiner Tante und sagt, dass er mich am nächsten Tag um 9 Uhr nach Hause bringen will. Ich rufe sofort meine Mama an und sage ihr, dass ich am nächsten Tag so um 16 Uhr zuhause sein werde. Es fühlt sich gut an, die Gewissheit zu haben, in ein paar Stunden meine Mama zu sehen. Ich denke nur noch an sie. Ich habe Angst, ja verdammte Angst, dass sie sich etwas antut. Das ist meine allergrößte Sorge zurzeit. Wir beschließen schon um ein Uhr nachts loszufahren. Ich fühle mich die ganze Fahrt über wie gelähmt. Ich spreche nicht und starre einfach aus dem Fenster. Wer mich kennt weiß, dass es mir schwer fällt auch nur für zehn Minuten den Mund zu halten, denn ich rede sehr gerne und liebe es, Witze zu machen, um andere lachen zu sehen. Aber zu dem Zeitpunkt bin ich zu nichts in der Lage. Ich kann es ja noch nicht einmal richtig glauben, dass mir so etwas Schlimmes zugestoßen ist. Wir kommen meinem Zuhause immer näher. Kurz bevor ich da bin, kommt im Radio eine Meldung. Es sei gestern ein neunjähriger Junge im Stadtbad ertrunken. Das ist wie ein Schlag ins Gesicht. Nein, es ist schlimmer als das.

Als wir dann morgens um 9 Uhr bei mir zuhause ankommen, laufe ich Mama in die Arme. Ich habe sie noch nie in meinem ganzen Leben so fest und so lange umarmt wie da. Kurz darauf stürme ich in dein Zimmer. Du bist nicht da. Die darauf folgenden Tage schlafe ich in deinem Bett. Ich hoffe, dass es okay ist für dich. Es gibt mir das Gefühl dir irgendwie nahe zu sein. Ich weine in der Anfangszeit nicht vor unseren Eltern oder vor Patricia. Ich will ihnen zeigen, dass ich stark bin und sie nicht noch mehr herunterziehen. Aber irgendwann kommt es einfach über mich. Meine Welt bricht auseinander. Ich ohne meinen Bruder? Wie soll das denn gehen?

Der Tag des Abschieds

Eine Woche und einen Tag nach dem Unglück ist schon deine Beerdigung. In der Zwischenzeit hat Mama noch gar keine Ruhe gehabt. Ständig will jemand etwas von ihr. Ob es nun die Polizei ist oder die Familie. Ja, plötzlich sind sie alle da. Jeder will etwas, vorher haben sie sich einen Dreck um dich gekümmert. Das regt mich am meisten auf. Die Beerdigung ist noch einmal eine ziemliche Hürde für mich. Anfangs lasse ich mir nichts anmerken. Wir sitzen in der Trauerhalle, gestalten deinen Sarg und der Priester hält noch eine Rede, die er zusammen mit Mama und unserem Stiefvater, den ich als meinen Vater sehe, geschrieben hat. Der Sarg, in dem du liegst, wird nach draußen getragen und alle stehen vor diesem Loch. Als sie dich in dieses schwarze, kalte, dunkle Loch hinuntergleiten lassen, ist es wie ein Messerstich in die Brust. Das ist für mich der schlimmste Moment. Patricia und ich wollen Fotos von uns hineinwerfen. Ich halte mein Foto so krampfhaft fest, sie muss mir helfen, dass ich es loslasse. In dem Sarg liegen mein erster geliebter Teddybär und eine kleine Lampe, damit du keine Angst im Dunkeln hast.

Was ist genau passiert?

Was genau an dem Unglückstag passiert ist, kann mir keiner sagen. Meine große Schwester ging mit dir und ihrem Ex-Freund ins Stadtbad, um sich an dem heißen Tag abzukühlen. Sie zogen sich um, aber du hattest, genau wie ich das immer mache, deine Badesachen schon drunter. Du wolltest zur Dusche gehen. Als Patricia herauskam, sah sie einen Jungen am Boden liegen. Ja, das warst du. Sie versuchten dich noch zu reanimieren. Erfolglos. Mama sagte man, du wärst gesund und auf dem Weg ins Krankenhaus. Das war natürlich nicht so. Du warst die ganze Zeit über schon nicht mehr am Leben. Du warst schon zu den Sternen gereist. Ich kann mir nicht vorstellen, wie am Boden zerstört sie gewesen sein muss.

Erinnerungen an meinen Engel

Du warst so ein herzensguter Mensch. Du hast immer gestrahlt vor Freude. Aber du konntest mich auch zur Weißglut bringen, wenn wir uns stritten. Komischerweise, als wir zur Strafe in unsere Zimmer mussten, waren wir nach ein paar Minuten die besten Freunde und wollten wieder miteinander spielen. Weißt du noch? Wir spielten zusammen Playstation oder Wii. Oder soll ich eher sagen, du spieltest es? Ich meine, immer wenn ich spielen wollte, nahmst du mir nach ein paar Minuten den Controller aus der Hand, um es besser zu machen als ich oder um mir zu zeigen, wie es richtig geht. Ich brachte dir das Zählen bei, auch wenn es nur von eins bis zehn war. Ja, sogar die Geduld, dir das Inlinerfahren beizubringen, hatte ich. Wir waren sehr oft zusammen auf der Skaterbahn und fuhren zusammen Skateboard. Das war die tollste Zeit und auch eines der letzten Ereignisse, die ich mit dir erleben durfte. Ich lebte damals in deiner Welt mit deinen Freunden, und es war dir nie zu peinlich deine große Schwester irgendwo mit hinzunehmen. Du hattest schon sehr viel in deinem Leben durchmachen müssen. Ein paar Tage vor dem Unglück telefonierte ich noch mit dir. Das war das letzte Mal, dass ich deine Stimme hörte. Ja, ich weiß, ich habe dich oft aus meinem Zimmer geworfen und wollte auch oft bzw. nie meine Sachen mit dir teilen. Du hast mich immer so unglaublich genervt, obwohl du nur Zeit mit mir verbringen wolltest.

Jetzt, wenn ich zurückdenke, kann ich nur darüber schmunzeln. Ja, es fehlt mir so sehr. Vergiss nicht, eines Tages wirst du Patricia heiraten. Wie du es immer wolltest. Mädchen waren zwar noch gar nichts für dich – außer Patricia, die liebtest du über alles. Ich weiß noch, dass ich dich abends immer suchen musste, wenn du draußen unterwegs warst. Du wolltest einfach nie nach Hause kommen und hattest am Ende die schrägsten Ausreden dafür. Mama sagte dir dann zwar, dass du am nächsten Tag Hausarrest hättest, aber im Grunde genommen zog sie das nie wirklich durch. Damals fand ich es unfair, aber heute bin ich sehr froh, dass sie dich immer wieder gehen ließ.

Leben ohne dich

Nach den Ferien geht die 8. Klasse los. Ich bin so schlecht. Ich kann mich auf nichts mehr konzentrieren. Ich liebe eigentlich die Schule, aber da ist mir dann alles egal. Es dauert ein Jahr, bis ich mich in der Schule wieder bessere. Alle reden über den Jungen, der mein Bruder war. Nein, du BIST und wirst immer mein kleiner Bruder bleiben. Ich habe sehr schlechte Phasen. Ich ritze mir sogar ein „M" in den Arm. Ich will dich irgendwie bei mir haben. Mittlerweile habe ich mir deinen Namen auf den Fuß tätowieren lassen. Du glaubst gar nicht, was für ein höllischer Schmerz das war, aber für dich würde ich auch durchs Feuer gehen! Ich hatte eine Zeit lang immer Streit mit unserer Mama. Was mir mittlerweile echt sehr leidtut. Unsere Familie ist mir scheißegal. Ich habe einen Hass auf alles. Aus einem Grund, den ich selber nicht beschreiben kann. Es gibt Zeiten, da will ich nicht mehr leben, um einfach bei dir sein zu können. Ich fange das Fußballspielen wieder an. Es verbindet mich mit dir, denn dank dir habe ich damals angefangen zu spielen. Wir spielten zusammen in einer Mannschaft und ich genoss die Zeit mit dir so sehr. Irgendwann höre ich aber dann wieder auf zu spielen, da es mir auch egal wird.

Ich weiß nicht, wie ich mit dem Riesenverlust umgehen soll. Ganz ehrlich gesagt, weiß ich das heute auch nach fünf Jahren nicht.

Mittlerweile wohne ich in der Schweiz mit unseren Eltern und unseren beiden kleinen Geschwistern. Du würdest Samira lieben, sie erinnert mich ganz oft an dich. Du glaubst gar nicht, wie viel Vivien von dir erzählt, auch wenn sie erst zwei Jahre alt war. Patricia wohnt noch immer in Deutschland, sie hat bis jetzt nicht die Kraft, sich von dem Ort zu verabschieden, an dem sie so viele Erinnerungen an dich hat. So habe ich also dich verloren und in einer gewissen Hinsicht ist unsere große Schwester, die ich über alles liebe, auch nicht bei mir.

Für mich war es eine große Überwindung in die Schweiz zu ziehen. Ich wollte in Deutschland bei meinen Freunden bleiben. Ich hätte es auch gekonnt, aber zum Glück entschied ich mich dann doch um und ging mit unseren Eltern vor eineinhalb Jahren mit. Ich spiele wieder Fußball und ich bin echt froh, dass mich hier alle so gut aufgenommen haben. Es ist eine der schwersten, aber auch der besten Entscheidungen, die ich jemals getroffen habe. Natürlich war es damals als 16-jährige verdammt schwer alles hinter sich zu lassen, aber der neue Anfang war meine beste Chance. Ich habe tolle neue Freunde gefunden, mache eine Ausbildung und habe mein Leben echt im Griff, auch wenn ich vor ein paar Jahren noch dachte, dass dies nie wieder möglich sein wird. Ich denke, der Umzug tat uns allen sehr gut. Mit Mama verstehe ich mich so gut wie noch nie zuvor.

Es gibt immer noch Tage, an denen es mir sehr schlecht geht. Ich weiß zwar, dass du nicht mehr da bist, aber so ganz habe ich es nach fünf Jahren noch immer nicht begriffen. Es gibt auch Tage, an denen es mir richtig gut geht. Ich kann unbeschwert lachen und einfach Spaß haben. Ich bin ein sehr glücklicher Mensch. Ich liebe meine Familie und meine Freunde. Manchmal habe ich sogar ein schlechtes Gewissen, weil es mir so gut geht. Es ist leider wie eine explodierende Zeitbombe. Ich weiß nie wann die Zeit kommt, an der meine Vergangenheit mich wieder einholt. Der Schmerz, dich zu vermissen, ist unerträglich. Ich habe keine Chance mehr dich zu sehen, dich zu hören, dich zu spüren, mit dir zu lachen. Es sind alles nur Erinnerungen. Bilder, die man sich anschauen kann. Es werden nie wieder neue Bilder dazukommen. Mit der Gewissheit zu leben ist verdammt schwer. Ich werde niemals miterleben wie du heiratest und Kinder bekommst und all die Dinge, die für andere selbstverständlich sind. Ich werde nicht mehr die Möglichkeit haben, vor deinen Freunden als große peinliche Schwester dazustehen. Ich werde niemals erfahren, für welchen Beruf du dich entscheiden würdest. Ich bin dankbar für jede Sekunde, die ich mit dir erleben durfte. Diese ganzen Erinnerungen versuche ich mir alle in meinem Kopf einzuprägen. Sie sind mir genauso wichtig wie die Luft, die ich zum Atmen brauche.

Ich danke unserer Mama von Herzen, dass sie trotz allem so für uns alle da ist. Mama, du bist der wichtigste Mensch in meinem Leben. Ich danke dir für alles!

Marcel

ich hatte eine unvergessliche Zeit mit dir,
gespielt, geweint, gelacht und viel erlebt haben wir.
Einer der wichtigsten Menschen in meinem Leben bist du,
und diese Trauer verschwindet nicht einfach so im Nu.
Du bist für immer in meinem Herzen,
manchmal sind sie unerträglich ... diese Schmerzen.
An manchen Tagen tut es so weh ... ja so sehr,
und dann denk ich ... ich kann nicht mehr.
Doch ich werde niemals in meinem Leben aufgeben,
denn ich weiß, irgendwann werden wir uns wiedersehen.
Wenn die Zeit gekommen ist, schließe ich dich in meine Arme und sag dir,
was für ein toller Junge du gewesen bist.
Ich hoffe, im Himmel geht es dir gut und du bist nicht allein,
du wirst auf ewig mein kleiner Bruder sein.

Ich liebe dich und du wirst für immer in meinem Herzen sein.

In Liebe deine große Schwester

Tatjana F.

Michael S.
*03.11.1959 +26.03.2012

Liebes Bruderherz,

in meinen Augen stirbst du körperlich mehrfach –
von deinem seelischen Sterben könnte ich nur Ahnungen äußern.

1975 – Du bist 15 und stirbst zum ersten Mal:
Lymphdrüsenkrebs – Hodgkin.
Damals lautet diese Diagnose: Sterben – keine Chance auf Heilung.

Aber du schaffst es, weil dein Motto für dein Leben lautet,
was du mir kurz zuvor ins Poesiealbum schreibst:

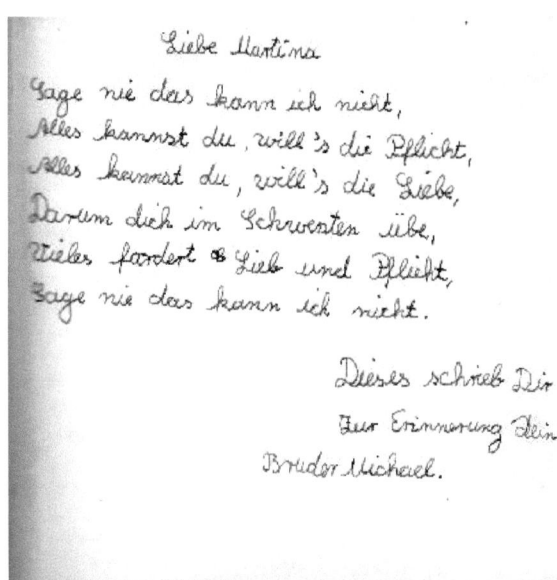

Damals willst du leben – erst später möchtest du gerne sterben – und kannst es nicht.

Ich bin zu diesem Zeitpunkt 12 und ich habe eines: Angst,
komischerweise nicht Angst vor der Endgültigkeit des Todes,
komischerweise nicht Angst um dich.
Ich habe Angst vor dem Leid, das deine Krankheit und dein Sterben mit sich bringt,
ich habe vor allem Angst um „meine" Eltern –
unsere Eltern, wie „ich" sie kenne, - - -
sie verlieren unseren Alltag – sie sind nicht mehr fröhlich.
Ihre Angst um dich wirft mich in ein Meer von Haltlosigkeit.
Ich irre orientierungslos umher, ich ertrinke.

Meine Eltern gewinnen mit deiner Genesung,
die du dir erkämpfst oder einfach vom Leben einforderst,
ihre Sicherheit zurück – so scheint es mir.

Aber mich verlässt die Angst nicht mehr –
infolge deines ersten Sterbens bleibe ich zweimal sitzen.
Ich kann nicht mehr vor Angst vor diesem sterbenden Leben.
Ich muss das Gymnasium verlassen. Komme zu einer Hauptschule. Kämpfe wie du.
Kann wieder aufs Gymnasium. Mache Abitur unter Krämpfen. Vor allem im Darm:
Ich scheiße und kotze mich durchs Leben – bis heute - dein Vermächtnis zu Lebzeiten an mich. (Danke Bruderherz ;-)) Es ist, als hätte ich über dein erstes Sterben den Lebensrhythmus erworben – mich in Krämpfen vorwärts zu bewegen.

Dein Leben war ein Sterben der dramatischen Art.

Damals dachten die „weißen" Gelehrten, dass die Abwehrorgane Milz und Mandeln ein Verursacher des Krebses sein könnten, und man nahm sie dir in mehrstündigen Operationen heraus. Die Folge war, dass du dir jedes Jahr ominöse Infekte zuzogst, und es in meiner Erinnerung kein Jahr verging, in dem du mal nicht ein paar Wochen im Krankenhaus verbrachtest.
Die Milzentnahme „schenkte" dir zudem eine wulstige, hässliche Narbe quer über den Bauch, so dass du Ästhet und eitler Fratz und Charmieboy dich nie wieder ohne T-Shirt zeigtest.

Als du endlich nicht mehr im Krankenhaus sein musst, fühlen wir uns verbunden. Die alte Rivalität aus Kindertagen ist fort. Wir unternehmen viel zusammen, ziehen durch Kneipen. Du gibst mich als deine Freundin aus, um dir die Mädchen vom Hals zu halten, die dich ewig umschwärmen und anhimmeln. Wir genießen das Leben.

Unsere Verbundenheit schwindet, als du Mitte 20 ein Leben zu leben beginnst, das ich für moralisch verwerflich halte. Wir entfremden uns, wir sprechen nicht mehr so viel miteinander, sehen uns wenig. Aber aus der Ferne und über unsere Eltern beobachtet einer das Leben des anderen mit sorgender Liebe.

Wir werden beide Eltern und über diese Erfahrung nähern wir uns wieder an. Du wirst Vater von Zwillingen. Zeitgleich kommt mein zweites Kind – meine Tochter zur Welt. Das Elternsein eröffnet uns neue Perspektiven auf Leben. Wir werden beide toleranter und können vermeintliche Fehler des anderen milder bewerten. Unsere Leben erhalten Konstanten – so denke ich. Dass du anders empfindest, weil du anders lebst, kommt mir damals nicht in den Sinn.

6. November 2005 – Du bist 45 und stirbst zum zweiten Mal

Unser Mütterken ruft mich an. An der Art, wie sie „Tina" sagt, weiß ich, etwas Entsetzliches ist passiert.

Du stehst hinter deinem Auto, holst Sachen deiner Kinder aus dem Kofferraum. Deine Mädchen stehen auf dem Bürgersteig neben dir. Du schaust auf und siehst in die entsetzten Augen einer deiner Töchter, drehst dich halb um in die Richtung, in die deine Tochter guckt. Da fährt ein Auto voll auf dich. So hast du deinen Unfall manchmal geschildert und immer betont, dass die Machtlosigkeit, die du in diesem Augenblick empfunden hast, das Schlimmste war.

Du verlierst am Unfallort dein rechtes Bein. „Es lag einfach auf der Straße" - O-Ton der Mama eurer Kinder. Dein linkes ist „Matsche" - dein O-Ton. Du blutest am Unfallort aus – O-Ton der Ärzte: Das Schlimmste sind nicht die Beine. Wahrscheinlich ist sein Gehirn beschädigt bei dem Blutverlust.

Du wirst wider Erwarten gehirntechnisch gesund. Aber nicht nur dein Körper auch dein Geist und deine Seele werden nicht mehr

wie einst – wie einst – wie einst

Liebe und Schmerz sind gute Wegbegleiter.
Wenn ich vor Schmerz nicht mehr kann,
lacht die Liebe mich an.

Die Liebe kühlt meinen Schmerz mit ihrer Hitze.
Sie formt meinen Schmerz zu einem goldgelben Ball
und dein Bild erstrahlt in mir in einem Sonnenstrahl.
Dann setz ich mich neben dich - während du stirbst - und erzähle dir Witze

wie einst – wie einst – wie einst

Ich beginne zu leiden wie nie zuvor in meinem Leben. Ich trauere um deine Beine, wenigstens drei Jahre. Ich kann nicht von dir sprechen, ohne laut zu weinen: Wie sie dich aus dem künstlichen Koma wach machen. Wie du flehst sterben zu dürfen. Nicht am Leben erhalten werden willst. Wie du mich anbettelst, dir beim Sterben zu helfen. Ich hatte oft schon sterben wollen. Aber jetzt weine ich in jeder unbeobachteten Minute und wünsche mir nichts sehnlicher, als dass Zeit verrinnt. Manchmal starren wir beide von elf bis elf auf die Uhr und keine Sekunde vergeht. Wir verharren im Schmerz. Und wieder ist es nicht dein und nicht mein Schmerz. Ich sehe unsere Eltern zerbrechen. Unsere Stützen zerfallen. Wenn wir den Eltern, die wir lieben, beim körperlichen Verfall zusehen, ist das ok. Aber wenn wir sie seelisch zerbrechen sehen, dann hört Leben auf Sinn zu machen.

„Alles kannst du will´s die Liebe" – Du willst für uns – für dich schon lange nicht mehr.

Du kämpfst – knapp zwei Jahre Reha – du willst wieder gehen – ohne dass andere sehen, dass dir anderthalb Beine fehlen und du schaffst das. Und dann 2007 wieder Lymphdrüsenkrebs. Für mich ganz klar geschuldet der Medikamentengabe ums Ringen um deine Beine. Chemotherapie. Alles wird wieder gut. Aber die Chemogabe ruft natürlich die nächste Katastrophe auf den Plan. 2009 wieder Lymphdrüsenkrebs. Chemogabe. Es wird wieder gut. 2011 nach dem Tod meines Kindes an Leukämie, der dich dein Leben wieder in Frage stellen lässt - entwickelst du einen Lungenkrebs, der ins Hirn metastasiert. Zum ersten Mal sehe ich dich bitterlich weinen, als Kawe stirbt. „Warum er, warum nicht ich?" weinst du im Januar 2011 meine Küche voll. „Keine Ahnung", sage ich und verstehe, dass du gerne die Unschuld dieses Kindes hättest und deine Schuld tilgen möchtest. Im Laufe des Jahres erkrankst du, lässt uns einiges sehen und stirbst am

26. März 2012.

Chemotherapie ist ein Arschloch

Heute stelle ich eine Kerze ins Fenster.
Vertreibe damit meine Sterbegespenster,
die mir die Seele und´s Hirn zerfressen
und dem Sterbeprozess Sinn beimessen,

den er nicht hat.
Zumindest nicht so, wie wir ihn leben.
Wir brauchen nen Cut
in allen Chemogaben, die nur unermessliches Beben heraufbeschwören,

die sogar Sterben zerstören.
Leben nicht erhalten.
Im alles Erkalten
sinke ich.
Scheiß Sollen!

Jetzt habe ich keine Energie mehr weiter zu denken.
Meine Mama stirbt – an Krebs.
Und das Begleiten in den Tod fordert meine Aufmerksamkeit.

Alles kannst du will´s die Liebe.
Alles kannst du, will´s die Pflicht.

Dein Leben hat mich Tiefe gelehrt – Bruderherz:
Liebe und Pflicht.

Martina S.

In trauriger Verbundenheit!

Auf der anderen Seite des Weges wieder vereint

Daniel D.   Mike D.
*01.12.1997 +06.05.2010   *11.07.2000 +01.12.2015

Tief bestürzt haben wir vom Tod des Sohnes eines unserer Whisper von Soul e.V.-Mitglieder erfahren.

Mike Deutsch, er war für kurze Zeit auch ein Teil dieses Projektes.

Er wollte hier in diesem Buch über seinen verstorbenen Bruder schreiben, doch dann entschied er sich anders …

Er verließ die Gruppe und folgte seinem Bruder an dessen 18. Geburtstag.

Die Fassungslosigkeit raubt uns die Worte.

Oliver K.
*03.05.1989 +11.04.2009

Das Gefühl eines vermeintlich gebrochenen Herzens kannte ich bisher nur aus Erfahrungen mit der jungen Liebe. Bis zum 27.03.2009, an diesem Tag empfand ich einen Verlust, den es kaum zu beschreiben gibt.

An diesem Tag verunglückte mein Bruder auf dem Weg zu seinem Arbeitsplatz, welcher sich im Nachbarort befand. Ich hatte an diesem Tag Urlaub, weil ich am darauffolgenden Tag meinen 21. Geburtstag feiern wollte.
Um 05:45 Uhr träumte ich, dass mein Bruder mit seinem Auto gegen einen Baum fährt und führte in diesem Traum noch ein Gespräch mit ihm, dass er nicht sterben darf. Ich erwachte weinend, aber konnte mich nach einer Weile beruhigen. Ich ging davon aus, dass es sich nur um einen schlechten Traum handelte, wie ich ihn oft hatte. Gegen 7 Uhr hörte ich Männerstimmen vor unserem Haus und ich wusste, der Traum war real. Der Blick aus dem Fenster zeigte einen Polizeiwagen.
Obwohl in unserem Haus auch noch mein Freund und mein Papa lebten, wusste ich, es geht um meinen Bruder. Mein Bruder hatte schwere Verletzungen und wurde mit dem Hubschrauber weggeflogen. Am gleichen Tag wurde er operiert und der Kampf um sein Leben begann. Neun Tage lang gab es Hoffnungen und Tiefschläge bis zum 5. April 2009. Da es am Abend

vorher Komplikationen gab, wurden wir an diesem Tag darüber informiert, dass sein Gehirn den Kampf verloren hat. Es begann die Zeit des Wartens und Abschiednehmens und am 11. April 2009 um 14:15 Uhr konnte sein Körper den Kampf endlich beenden. Auch wenn es komisch klingt, in dem Moment, als wir erfuhren, dass er es geschafft hatte, war ich erleichtert. Erleichtert, dass niemand mehr über ihn bestimmen konnte und musste. Mein Herz brach, ich fühlte den Verlust. Es war Wut, Frust, Schmerz. Ich merkte ein Stechen. Dieses Gefühl habe ich seitdem nie wieder gespürt. In diesen Tagen setzte sich ein großer Stein in mich, welcher seit diesem Moment mein Leben bestimmt.

Oft heißt es wenn man sowas erlebt, lernt man das Leben zu schätzen. Aber dem ist nicht so, man stellt vieles infrage, fragt nach dem Sinn des Ganzen.

Olli und ich hatten einen Altersunterschied von 13 Monaten. Er war immer der Ruhepol und ich eher die aufgedrehte Verrückte, aber das ergänzte uns perfekt. Für Geschwister verstanden wir uns ziemlich gut und hielten daher jeweils für den anderen die Hand ins Feuer.

So war es für mich selbstverständlich, dass ich alles wissen musste. Folglich war ich am Unfalltag als Erste im Krankenhaus und wartete dort stundenlang. Mein Papa flog aus der Schweiz ein und meine Mama informierte zu Hause alle, sodass wir meinen Bruder am Abend des 27.03.2009 gegen 21 Uhr nach elf Stunden OP kurz sehen konnten. Meine Eltern sahen ihn zuerst und meinten er sieht furchtbar aus, aber ich empfand es nicht so. Er sah aus wie Olli. Klar waren da diese ganzen Wunden, aber irgendwie war es auch beruhigend ihn täglich dort zu sehen.

Nach dieser Zeit habe ich mich manchmal gefragt, ob es besser gewesen wäre, wenn er nicht noch diesen Kampf hätte führen müssen. Aber ich denke er wollte uns die Zeit geben, es zu verstehen. Er verdeutlichte es mir in diesem Traum an seinem Unfalltag. Vielleicht spürte ich daher auch die Erleichterung, vielleicht seine Erleichterung über den überstandenen Kampf.

Die Zeit nach dem 11. April war von Planungen durchzogen - Beerdigung und meine Abschlussprüfung.

Olli hatte im Februar 2009 seine Ausbildung beendet und es gab den Plan, nach meiner Ausbildung gemeinsame Wege anzutreten. Somit vollendete ich für meinen Bruder meine Ausbildung im Juni 2009.

Die Beerdigung fand fünf Tage nach seinem 20. Geburtstag statt. Meine Eltern übergaben mir bei der Planung der Beerdigung die meisten Entscheidungen, wovon ich mich ehrlich gesagt auch nicht hätte abbringen lassen wollen. Und dann kamen die Erfahrungen, die mich bis heute verletzen und auch sehr ärgern. Natürlich ist es für meine Eltern schlimm und es haben auch immer alle gefragt, wie es meinen Eltern geht, aber ich als Geschwisterkind wurde oft nicht wahrgenommen. Ich bekam auch zu hören, dass es ja nur mein Bruder war. Nein es war nicht NUR mein Bruder, es war mein Bruder!

Meine Eltern kannten ein Leben vor der Geburt meines Bruders, ich nicht. Ich habe mit ihm alles geteilt, Kindergartenzeit, Schulzeit, Pubertät. Er ist mit mir gewachsen und erwachsen geworden. Es gibt für mich keine Erinnerung ohne ihn.

Oft hatte ich daher das Gefühl, die Trauer nicht zulassen zu dürfen. Im September 2009 kaufte ich mir das Auto, wovon ich Olli noch kurz vor seinem Unfall vorgeschwärmt habe und nahm seine Daten als Kennzeichen und entschied mich im Oktober 2009 zu meinem ersten Tattoo. Das war sein Name an meinem Handgelenk. Und es tat so gut. In den Monaten davor hatte ich oft das Gefühl der Angst etwas vergessen zu können, vielleicht ihn zu vergessen. Heute weiß ich es wird nie passieren, aber ich hatte sie und spürte mit dieser Tätowierung, dass ich ihn nicht verlieren werde. So erweiterte ich im kommenden Jahr das Tattoo um eine Hibiskusblüte am Unterarm und eine am Oberarm mit den chinesischen Schriftzeichen für kleiner Bruder und große Schwester. Ich fühle mich damit vollständig.

2010 begann ich langsam wieder zu leben und wurde auch schwanger. Im Juli 2011 kam mein Glückskind Maarten-Luca und erhielt als Zweitname Oliver. Mein Sohn weiß, dass es Onkel Olli gibt und erklärt auch warum er immer auf dem Friedhof schläft. Maarten ist damit aufgewachsen.

2013 schloss ich den Bund der Ehe, aber nahm nicht wie üblich den Namen meines Mannes an, sondern er meinen mit dem Hintergrund, dass mein Kind immer in seinem Namen den kompletten Namen seines Onkels hat.

Olli wird immer ein Teil meines Lebens sein und ich erwische mich auch heute noch, wie ich daran denke, wie er mit Maarten gespielt hätte oder was wir alles zusammen gemacht hätten. Er ist real und ich rede oft in Gedanken mit ihm.

Er spielt eine präsente Rolle. Er wird nie Vergangenheit sein können, denn er hat mich auch zu dem gemacht, was ich heute bin.

Die Trauer ist genauso stark wie zum Zeitpunkt des Todes, mittlerweile habe ich nur gelernt, sie in mein Leben zu integrieren und damit umzugehen.

Olli ist mein Big Buddha und wird mir immer zur Seite stehen.

Peggy K.

Sascha M.
*23.09.1976 +21.10.2013

Hallo liebe Leser,

ich bin 26 Jahre alt und möchte Euch meine Geschichte erzählen.

Aufgewachsen bin ich in einer ländlichen Gegend an der Mosel und habe dort mit meinen Eltern und meiner Oma gewohnt. Mein Bruder ist schon früh zu Hause ausgezogen. Dieser Lebensabschnitt fiel mir sehr schwer, denn ich liebte ihn abgöttisch. Trotz unseres Altersunterschiedes von 13 Jahren, waren wir ein Herz und eine Seele. Deswegen war ich immer froh, wenn er zu Besuch kam. Wir lachten, alberten herum und konnten über alles sprechen. Als ich irgendwann meinen Weg ging, auszog und mir meine eigene kleine Welt erschuf, wurden unsere Treffen immer weniger.

Der Tiefschlag kam, als ich erfuhr, dass mein Bruder für einige Zeit gehen musste. Wir schrieben uns Briefe, so oft es nur ging. Einmal konnte ich ihn dann in den eineinhalb Jahren besuchen. Das war eine sehr schwere Zeit. Als es hieß, er kommt nun endlich wieder, freute ich mich umso mehr und konnte ein Treffen kaum noch erwarten. Da er sich zunächst um persönliche Dinge kümmern wollte, verging einige Zeit. Er musste kurzerhand ins Krankenhaus, wo ich ihn sehen konnte, da es in der Nähe meines Wohnortes lag. Ich packte eine große Verpflegungstüte zusammen und machte mich auf den Weg. Ich weiß noch, wir haben so gelacht zusammen, dass die Krankenschwester einige Male kommen musste, um uns zu bremsen. Sein Geburtstag kam und ich habe ihn das erste Mal in meinem Leben vergessen. Meine Eltern waren in den Urlaub gefahren. Auch für sie war es das erste Mal, dass sie ihn an seinem Geburtstag nicht besuchten. Einige Tage später rief ich ihn an, konnte ihn aber nicht erreichen. In der Zwischenzeit rief er einmal an und hinterließ eine Nachricht auf dem Anrufbeantworter, die ich bis heute noch dort gespeichert habe. Meine Oma war in einer Tagespflege untergebracht. Er besuchte sie. Sie ist die Einzige, die ihn ein letztes Mal gesehen hatte.

Der 21.10.2013, ein zunächst ganz normaler Montag. Meine Chefin kam zu mir und brachte mir das Telefon mit den Worten: „Charmaine, deine Mama!". Ich hatte gleich ein mulmiges Gefühl, denn das hat sie noch nie getan. Ich brachte ein vorsichtiges „Hallo Mama" heraus und hörte gespannt.

An ihrer zittrigen Stimme merkte ich sofort, dass etwas nicht stimmte. Sie sagte: „Kind, es ist etwas Schlimmes passiert. Sascha ist tot!" Zu der Zeit befand ich mich im Flur unseres Kindergartens und merkte, wie von jetzt auf gleich meine Beine versagten. Ich schrie, weinte und ließ mich auf den Boden fallen. Meine Chefin holte mich und brachte mich in einen ruhigen Raum. An das weitere Gespräch mit meiner Mama kann ich mich nicht mehr erinnern. Mein Herz zerbrach innerlich und ich wollte nur noch zu meiner Familie. Ich verabschiedete mich und fuhr schnellstmöglich nach Hause, um einige Sachen einzupacken. Ich konnte mich nicht auf die Fahrt konzentrieren und war irgendwie in einem Gefühlschaos gefangen. Ich klingelte bei meiner Nachbarin, um ihr noch den Schlüssel für die Katzen in die Hand zu drücken. Ich machte mich auf den Weg zu meinen Eltern. Mich erwarteten erschütternde Gesichter, ich wollte sie einfach nur noch in den Arm nehmen und nie wieder loslassen.

Später dann berichteten sie mir über seinen Todesfall: Das Ganze muss wohl von Sonntag auf Montag geschehen sein. Es hieß, er sei an einem Brandunfall gestorben. Eine Kerze hat sich in den Holztisch gebrannt. Durch den Schwelbrand reichen 1-2 Atemzüge aus, um die Augen nie wieder öffnen zu können. Was ich im Späteren erfahren habe, er hatte wohl eine Überdosis von einem immensen Drogencocktail genommen, wo er im Anschluss über der Flamme einschlief. Diese Erkenntnis machte mich umso trauriger, denn er wollte mit allem aufhören und sein Leben gewaltig umkrempeln!

Die erste Zeit verblieb ich bei meinen Eltern und die Zeit bis zur Beerdigung zog sich hin. Gemeinsam mit meinen Eltern und Saschas Freundin fuhr ich zum Krematorium. Aber ich konnte nicht mit hinein gehen. Im Nachhinein ärgere ich mich darüber die Chance verpasst zu haben, ihn ein letztes Mal zu sehen.

An dem Tag seiner Beerdigung fühlte ich mich schrecklich! Viele Freunde, Bekannte und Familienmitglieder waren anwesend. Ich ließ für ihn „Haltet die Welt an" von Glashaus spielen. Mein Herz klopfte und meine Beine verloren festen Stand. Ich war froh als das Ganze vorüber war und ich mich irgendwohin verkrümeln konnte. Am späteren Abend besuchte ich zwei alte Nachbarn, um den Halt zu finden, den mir meine Eltern in diesem Augenblick nicht geben konnten. Es dauerte nicht lange bis eine alte Freundin mit Blumen vor der Tür stand und mich einfach nur in den Arm nahm.

Dass dies nicht selbstverständlich ist, sollte ich erfahren, als ich nach einiger Zeit wieder nach Hause fuhr. Die Freunde, die eigentlich zu diesem Zeitpunkt da sein sollten, blieben aus. Bis heute kann ich meine tatsächlichen Weggefährten noch nicht an einer Hand abzählen! Ich war zerbrochen, wütend und zornig. Ich konnte nicht verstehen, wie sich diese abwenden konnten, die sich Freunde schimpften. Ich verschloss mich, fiel in ein verdammt tiefes Loch. Ich wollte doch nur Nähe und Halt spüren. So fing ich an zu trinken und mich von allem zu isolieren. Ich ging meinen eigenen Weg, alleine. Ich wollte für meine Eltern stark sein und ließ mir in ihrer Gegenwart nichts anmerken. Warum auch? Sie haben gerade ihr Kind zu Grabe gebracht und ICH sollte mich ihnen öffnen? Niemals! Das wollte ich ihnen nicht antun. So ließ es auch auf der Arbeit nach. Ich war stark sensibel und reizbar. Mein Zustand konnte sich von jetzt auf gleich verändern. Ich ließ mich total hängen, wodurch ich sogar eine mündliche Abmahnung bekam. Ich wusste nicht, wie mir geschah, verstand denn keiner, dass ich gerade meinen geliebten Bruder verlor? Die wenigen, die übrig geblieben sind, wollten mich aus meinem Schneckenhaus herauslocken, aber selbst das ließ ich nicht zu. Ich hatte keine Lust mich fertig zu machen und auf die Piste zu gehen, lachenden Gesichtern zu begegnen und Freude zu verspüren. Anfangs war es sehr schwer für sie und ich musste mir immer wieder neue Ausreden einfallen lassen, da ich keine Lust auf Konfrontation und ein schlechtes Gewissen hatte, welches mir oft eingeredet wurde ... Aber irgendwann verstanden sie es und ließen mir meinen Freiraum.

Meine Eltern erzählten mir, dass sie sich einer Selbsthilfegruppe angeschlossen haben und es ihnen guttut sich mit anderen auszutauschen. So besuchte auch ich im Herbst 2014 ein Trauerseminar für Geschwisterkinder. Ich wusste nicht, was mich erwartet. Als ich endlich im Sauerland ankam, zitterten mir gewaltig die Knie. Ich packte meinen Koffer und schaute mich gespannt um. Im Foyer traf ich auf einige Seminarteilnehmer. Jedem sah man seine Anspannung an. Aber Leute - ich sag euch, das ist das Beste, was mir seitdem widerfahren ist! Die täglichen Stunden miteinander waren sehr anstrengend, aber magisch. Der erste Tag war wohl der Schlimmste, denn man begann seine Geschichte zu erzählen. Es ist ein schwieriger Schritt sich in allem zu öffnen. Wir waren uns noch nie begegnet und doch war es so, als würden wir uns kennen. Endlich jemand, der einen versteht und Halt gibt, wie man es benötigt. Offen über das Thema Tod reden. Offen über den geliebten Bruder reden. In den Tagen folgten viele Einheiten, Übungen und Meditationen. Es war wirklich ein sehr schönes Erlebnis und leider viel zu schnell wieder vorüber. Ich werde es bestimmt noch einige Male mitmachen, es tut gut sich mit Gleichgesinnten auszutauschen. Im Alltag sind die Gedanken schwer zu vereinbaren. Sei es bei der Arbeit oder in der Freizeit. Leider gibt es keine passende Selbsthilfegruppe für uns, wie z. B. für Verwaiste Eltern. Ich habe mir überlegt, vielleicht bei uns in der Nähe ein Trauercafé für verwaiste Geschwister ins Rollen zu bringen, in dem man zusammen reden und schweigen kann. Einer muss wohl damit anfangen :-)

Das Jahr zog weiter und die Winterzeit begann ... Das ist für mich eine sehr düstere Zeit. Ich bin alleine und habe leider keinen festen Partner, der mir in solchen Momenten ansatzweise den Rücken stärken kann. Also bin ich weiter alleine meinen Weg gegangen. Dass es mir schlecht ging, wollte ich mir nicht anmerken lassen, was aber wohl meine Arbeitskollegen merkten. Nach meiner ersten mündlichen Abmahnung folgte dann ein langes Gespräch mit meiner Chefin, in dem ich total in Tränen ausbrach. Schließlich schlug sie mir vor, ich sollte mir ein Einzelgespräch bei unserer Supervisorin suchen. Sie kam monatlich in unser Team, um bestimmte Themen und Inhalte zu besprechen und ist eine Ordensschwester mit zusätzlicher Familientherapeutenausbildung. Also machte ich einen Termin aus, auf den mehrere Sitzungen folgten. Die Gespräche waren toll und hilfreich. Doch funktionierte es nicht auf Dauer. Es war eher nur für den Moment. So lud sie mich für die nächsten Exerzitien ein, die sie im Dezember leitete. Exerzitien? Was war das denn? Ohne mich genau zu informieren, nahm ich das Angebot an und klärte es mit meiner Chefin ab. Immerhin handelte es sich hier um eine ganze Woche intensive 'Besinnung'. Diese

Exerzitien finden extra in einem Exerzitienhaus statt, die sich fernab von Alltagsstress, Menschenmengen und Lärm befinden. Ein straffes Programm erwartete mich ... morgens aufstehen, erster Programmpunkt Meditation. Eine halbe Stunde lang ruhig da zu sitzen, hört sich vielleicht einfach an, aber seine Gedanken völlig loszulassen, das war sehr schwierig. Danach wurden erst einmal die Mägen gestärkt. Daraufhin folgte eine kleine Gruppeneinheit, in der wir Denkanstöße für den Tag bekamen. Bis zum Mittagessen gab es Einzelgespräche. Da man keinen Fernseher auf dem Zimmer hatte, blieb einem nur übrig, spazieren zu gehen und zu warten bis man an der Reihe war. Nach dem Mahl gab es eine Stilleübung. In der Zwischenzeit bis zur Abendeinheit hatte man genug Zeit, um einen langen Marsch durch den Wald zu machen. Auch nach dem Abendessen gab es wieder eine Meditation und Denkanstöße für den restlichen Abend. Schlafenszeit! Anfangs war es sehr schwer, mich auf alles einzulassen. Die Einheiten hatten meistens mit Gott und der Bibel zu tun, die ich aber auf mein Leben projizieren konnte. Auch die intensiven Einzelgespräche haben mir sehr geholfen. Aus ihnen konnte ich neue Kraft schöpfen und mein Leben mit neuen Inspirationen in die Hand nehmen.

Als ich wieder zu Hause ankam, machte ich mir über das Erlebte Gedanken. Ich musste etwas an meinem Leben ändern. So konnte und durfte es nicht weitergehen, sonst könnten mich meine Eltern bald auch zu Grabe tragen und daran würden sie komplett zerbrechen! Ich fuhr in die Stadt und ging geradewegs in den Buchladen. Langsam schlich ich an den Regalen vorbei und blickte auf die großen Überschriften. Bei dem Thema „Ratgeber" blieb ich stehen und studierte die vielen Titel. Ein Buch machte mich stutzig: „Im Himmel zu Hause" von James van Praagh. Im Untertitel stand: „Was Kinderseelen über das Leben nach dem Tod berichten". Ich blätterte ein wenig herum und mir liefen schon beim kurzen Lesen die Tränen. Ich kaufte es und machte mich auf den Weg nach Hause. Schon lange log ich mir vor, keine Zeit zum Lesen zu finden, aber dieses Buch verschlang ich. Jeden Tag ein bisschen, denn viel konnte man auf einmal nicht ertragen. James van Praagh ist ein Medium und kommuniziert mit verstorbenen Seelen. Da ich nicht unbedingt gläubig bin, aber an Spirituelles und Übernatürliches glaube, faszinierte mich jede einzelne Zeile an diesem Buch. Die verstorbenen Kinder erzählen über einen Ort des Lichtes, welcher bezaubernd sein soll. Dort leben alle Seelen, die noch nicht bereit sind, wieder zurück auf die Erde zu kommen, um neue Fähig- und Fertigkeiten zu erlernen. Diese Aufmachung vom Tod lässt mich im Glauben, dass es meinem

Bruder gut geht und ich ihn irgendwann wiedersehe. Denn wir sind Seelenverwandte, die immer wieder zueinander finden. Ich kann dieses Buch wirklich jedem empfehlen, der sich auf neue Blickwinkel einlassen kann. Zu finden sind auch einige praktische Beispiele, um mit dem Verstorbenen Kontakt aufzunehmen. Jedenfalls kann ich mit diesem Gedanken gut leben, er gibt mir Kraft!

Mir persönlich, sei es Realität oder Irrsinn, sind schon einige übernatürliche Dinge begegnet. Z.B. ein gigantischer Blitz, nachdem ich in den Himmel gesprochen habe. Einige Anrufe meines Vaters, obwohl nichts in seinem Handy vermerkt ist. Funksprüche im Radio in internationaler Sprache, die vor seinem Tod nicht da waren. Wenn meine Mama mir eine SMS schreibt, stand schon öfters in der Sendebestätigung auf ihrem Display "erfolgreich gesendet an Sascha M.". Plötzliche, kurze Stromausfälle. Letztens erst saß ich gemütlich auf der Couch als plötzlich mein automatischer Seifenspender zweimal losging, obwohl sich keine Katze, nicht mal eine Fliege in der Nähe befand. Solche Kuriositäten bringen mich immer wieder zum Lachen und es schafft Glücksmomente!

An meinem letzten Geburtstag habe ich von einer Freundin ein Ausfüllalbum geschenkt bekommen. „Ich werde dich nie vergessen", steht ganz groß auf dem Cover. Dort kann ich ausführlich über ihn, sein Leben, Erinnerungen, die Beziehung zwischen uns schreiben und mit Bildern füllen.

Immer wenn mir ein schönes Erlebnis in den Sinn kommt, nehme ich sofort das Buch und trage es ein. Ich finde es eine schöne Idee, denn man vergisst leider viel zu schnell!

Mit diesen schönen Gedanken ging es bei mir wieder aufwärts. Nach den Seminaren, Gesprächen und Literaturen brachte ich mich wieder in Bewegung. Hilfe zur Selbsthilfe! Ich gehe oft spazieren, meditiere und habe wieder die Lust gefunden, etwas zu unternehmen. Manchmal mache ich mir Vorwürfe, wenn ich keine Zeit habe an ihn zu denken. Aber er hätte nicht gewollt, dass ich mich verkrieche und die Lust am Leben verliere. Er hat das Leben genauso geliebt und es genossen. Nach den neusten Erkenntnissen hat er in diesem Leben einfach zu Ende gelernt und bereitet sich auf eine neue Inkarnation vor!

An alle verwaisten Geschwister: Nehmt euch genug Zeit zu trauern, lasst euch dabei nicht vorschreiben, wie lange oder in welcher Art ihr zu trauern habt. Es ist ein langer, langer Weg und man verändert seine Persönlichkeit. Das Geschwisterchen tragt ihr immer im Herzen und das kann euch keiner nehmen. Höhen und Tiefen wird es immer wieder geben. Viele Menschen werden sich von euch abkapseln, leider merkt man erst im Ernstfall, wer wirklich zu einem steht. Haltet diese Freunde fest!

Ich habe mir zu Hause eine kleine Gedenkstätte erbaut mit Fotos, frischen Blumen und Kerzen. So kann ich ihn jeden Tag sehen und ich weiß, irgendwie ist er immer in meiner Nähe! Auch unter meiner Haut trage ich ihn bei mir. Ich habe mir eine Tätowierung mit seinem Namen in einem schönen Eichenblatt stechen lassen. Es symbolisiert seine und meine Naturverbundenheit. Lasst den Kopf nicht hängen, leider dreht sich die Welt auch ohne unsere geliebten Geschwister weiter. Wir müssen das Beste daraus machen, denn sie würden nicht wollen, dass auch wir die Welt so schnell verlassen. Ich sende euch ganz viel Kraft für all die schwere Zeit und hoffe, ich konnte euch einen kleinen Einblick in meine Trauerarbeit geben.

Liebste Grüße und Umarmung

Charmaine M. mit Sascha im Herzen

Thomas W.
*09.06.1963 +12.08.1979

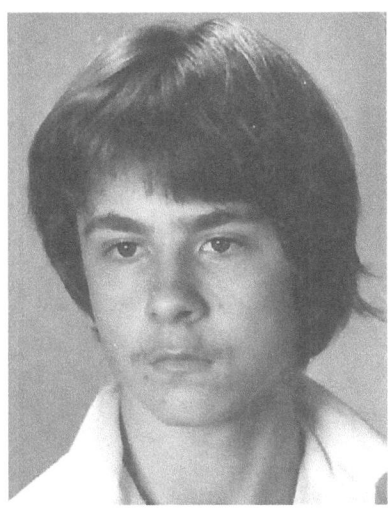

Thomas – ist das jüngste von vier Geschwistern, einziger Bruder. Er stirbt 16-jährig durch Fenstersturz. Uns Geschwister trennt jeweils ein Jahr. Ich bin die zweitgeborene Tochter und zwei Jahre älter als Thomas. Unsere Mutter war mit uns vier Kindern allein, da mein Vater die Familie frühzeitig verließ.

Unsere Kindheit war sicherlich nicht immer einfach – aber schön! Ich fühlte mich als Kind gut behütet und gut versorgt – geliebt. Ich fühlte und fühle mich immer sehr gut gerüstet fürs Leben.

Thomas war das erste Mal verliebt. Er hatte gerade die Schule beendet und seine Lehrzeit sollte bald beginnen.

Motorradfahren – das war sein großer Traum - einen Motorradhelm hatte er sich schon ausgesucht. Thomas sammelte Briefmarken und Matchbox-Autos.

Thomas hörte sehr gerne seine Lieblingsmusik auf seinem neuen Recorder. Rod Stewart „I am Sailing" und Juliane Werding „Am Tag als Conny Cramer starb". Überbewertet habe ich diese Songs in Bezug auf seinen Tod niemals, da diese Lieder zu dieser Zeit 1979 absolut „angesagt" waren. Thomas hörte sicherlich auch andere Musik, aber diese zwei Songs sind mir halt im Gedächtnis.

Gehört habe ich diese Lieder erstmals heute wieder, während ich an meinem Kapitel schreibe. Und es geht mir gut dabei und ich denk an dich, lieber Thomas.

Dein Tod - das geheime Geheimnis

Du kamst von einem Treffen bei deinen Freunden. Ich sehe dich im Sessel sitzen – Mutti und ich schauen gerade einen spannenden Krimi.

Du sagtest: „Ich bin müde – ich gehe schlafen".
Der Krimi war zu Ende und wir wollten uns auch schlafen legen. Ich schloss das Fenster im Zimmer neben dir. Die Tür zu deinem Zimmer war geschlossen.

Auch in dem Zimmer, in welchem ich schlief, schloss ich das Fenster und hörte von den laut feiernden Menschen auf dem Balkon gegenüber ein lautes „Nicht …!" und darauf einen dumpfen Knall.

Kurze Zeit später klingelte es an unserer Tür. … und Mutti kommt zu mir und sagt: „Thomasl ist aus dem Fenster gefallen!"

Die Hausbewohner leisten erste Hilfe. Die Notärztin kommt und reanimiert – erfolglos!

Alles funktioniert zu diesem Zeitpunkt … alles … nur du bist tot, lieber Thomas!

Nur gefühlte Schuld!

Sehr lange dachte ich, ich bin schuld an deinem Tod.

Der Krimi war wirklich sehr spannend – die Tätersuche in vollem Gange. Ich weiß, ich habe etwas genervt in deine Richtung geschaut, als du sagtest „Ich bin müde – ich gehe schlafen".

Habe ich das Fenster im Zimmer neben deinem zu laut geschlossen? Bist du deshalb aufgewacht?

Warum habe ich nicht, wie sonst auch, noch mal in dein Zimmer geschaut?

Mittags vor deinem Sterben hatte ich den Tisch gedeckt und bin mir sicher, du hattest als Einziger ein anderes Besteck von mir eingedeckt bekommen. Bis heute achte ich darauf, dass beim Essen Messer, Gabel und Löffel das gleiche Design haben. Kein Sammelsurium ... im Besteckkasten ... niemals - obwohl ich als Kind immer (m)ein „anderes" Lieblingsbesteck hatte.

Warum, wieso, weshalb? Lange intensiv hinterfragt.
Irgendwann in den letzten sieben Jahren las ich auf einer Gedenkseite eines jungen Mannes: Er stürzte auch aus dem Fenster durch Schlafwandeln. Thomas schlafwandelte auch – selten.

Ich bin aufgrund der Tatsachen und Umstände zu der Überzeugung gekommen, es war ein schrecklicher Unfall: Du bist einfach aus dem Fenster gefallen (Punkt).

Der frische Duft von Dill und Kuchen

Kurz nach dem Unfall stand die Mieterin, die eine Etage unter uns wohnte mit gefüllten Kochtöpfen von unserer Tür. Was für eine tolle und herzberührende Geste. Ich habe mich auch, als ich diese wunderbare Frau nach über 30 Jahren wieder traf, sehr herzlich bedankt. Und ihr davon erzählt. Sie war glücklich und ich bin es auch noch nach dieser langen Zeit!

Noch heute begleitet mich der Duft von frischem Dill – so nachhaltig ist er in meinen Sinnen. Ich liebe seitdem diesen Duft, er wärmt mein Herz und meine Seele. Ja, Dill zaubert mir jedes Mal ein Lächeln.

Unsere Nachbarin von gegenüber schenkte uns einen selbstgebackenen Kuchen. Und auch heute habe ich noch diesen ganz besonderen Kuchen und die Schenk-Szene vor Augen.

Ich habe auch erst vor Kurzem erfahren, als ich mit meiner Freundin über dieses Thema sprach: Früher war es ganz selbstverständlich, dass die trauernden Menschen mit Essensgaben sprichwörtlich „am Leben gehalten wurden" bis sie wieder fähig waren, für sich selbst zu sorgen.

Die Anteilnahme und das Mitgefühl der Menschen in unserem Umfeld war sehr intensiv und hilfreich und stand dem Unsatz mächtig und auch mildernd gegenüber, den eine uns unbekannte Frau kurz nach der Beerdigung auf dem Friedhof lautstark loswerden musste. Als wir an ihr vorübergingen, das Baby meiner Schwester im Kinderwagen, hörten wir:
„Na Hauptsache, dem Kind passiert nicht auch noch was!"

Viel stürzte auf uns ein. An vieles kann ich mich nicht mehr erinnern. Aber herzberührendes, stark positives, aber auch stark negatives – das alles bleibt, im Gedächtnis!

Kinderzeit ist lange her – fast 37 Jahre ohne dich

Zum Zeitpunkt deines Todes war ich volljährig und hatte gerade mein Abitur bestanden. Das Leben überrollte mich förmlich und ja es lenkte mich auch ab von der Trauer und vom Tod. Heute sind es fast 37 Jahre ohne dich – aber auch immer mit dir, lieber Thomas.

Dass Menschen sterben – ja das kannte ich schon …
Als Kinder gossen wir die Blümchen auf dem Grab der Ur-Oma. Später folgten der Ur-Opa und der Groß-Cousin. Auch ein Grundschul-Klassenkamerad von mir starb … und der Herr Maier von obendrüber.

Als du starbst – war alles so sehr nah und unwirklich! Mein geliebter Bruder – das konnte einfach nicht sein! Dein Tod – zur Unzeit!

Immer wieder fällt mir das Bild vom Mobile ein, ein Faden ist abgeschnitten. Alles hängt schief und ist unvollständig - bis heute. Schlimm waren besonders die Zeiten vor deinen Geburtstagen und vor dem Unfalltag – jährlich.

Meine Mutti wurde „komisch" – seltsam still – unruhig ruhig. Damals fand ich das einfach nur traurig furchtbar. Heute kann ich meine Mutti verstehen – so richtig nachempfinden, wie ihr ums Herz war und ist. Meine einzige Tochter Kiki starb 2009 im Alter von 25 Jahren. Und ja ich bin anders. Stiller, müde, einsam, unruhig ruhig – unnahbar – nach Nähe sehnend - verletzlich - „komisch".

Unverlierbar

Über unsere Toten wird in der Familie nicht bzw. sehr wenig gesprochen. Ich wünschte heute, das wäre anders. Mein Herz ist übervoll. Vieles was verblasst wird durch Erzählungen wieder erinnert.

Und ja ich habe Angst und Sorge, dass ich vieles vergesse. Ich bin glücklich, bei diesem Buchprojekt mitwirken zu dürfen. Für meinen Bruder Thomas. 1979 gab es noch kein www, keine Gedenkseiten, keine Selbsthilfegruppen. Bücher schreiben und veröffentlichen – das war schwierig.

Fotos, die wenigen von dir, lieber Thomas und eine Sprachaufnahme, das sind Schätze, die gut behütet und gesichert aufbewahrt sind.

Und während ich schreibe, sehe ich so vieles, schon Verlorengeglaubtes. Das ist schön und stärkt und bestärkt mich. Aufschreiben ist wichtig.

Sofort nach dem Tod meiner Tochter, habe ich 2009 eine Gedenkseite erstellt und ganz klar, bist auch du dort dabei, lieber Thomas (www.kiki.de.to).

Schön finde ich den Gedanken, dass Zeit für euch dort keine Rolle spielt. Und ihr SEID und habt dort zu tun, wie Kiki schon ahnte.

Wunderbar empfinde ich eure Botschaften, lieber Thomas, liebe Kiki, die mir und meiner Mutti bei Medienbesuchen übermittelt wurden. Unsere „Toten" sind immer in unserer Nähe und grüßen mit unverwechselbaren einzigartigen Geschenken. Dankeschön dafür!

Kerstin W.

Tobias H.
*30.08.1986 +17.01.2010

„Hallo Janine! Es ist ein weiteres Buch geplant. Das Thema ist Geschwistertrauer. Würdest du nicht mitschreiben wollen?"

Dies schrieb mir meine Mutter im August 2015.

Am ersten Buch des Vereins „Whisper von Soul" schrieb die Patentante meines jüngsten Sohnes mit und am zweiten meine Mutter. Daher kenne ich die Arbeit des Vereines und auch die Bücher, welche bisher erschienen sind. Ich hatte ihnen gegenüber bereits angedeutet, dass ich ein Buch über Geschwistertrauer gut fände und daran auch mitarbeiten wollen würde.

Habe ich überhaupt das Recht mitzuschreiben?

Diese Frage war der erste Gedanke, der mir in den Sinn kam, als ich mitbekam, dass ein weiteres Buch geplant sei.

Ist meine Trauer vergleichbar mit der Trauer anderer Geschwister?

Immerhin hatte ich viele Jahre bevor mein Bruder starb, den Kontakt zu meiner Familie abgebrochen.
Ich hatte lange kein Wort mehr von meinen Eltern gehört und 5 Jahre lang nicht mit meinem Bruder gesprochen.

Mein Bruder Tobias kam 1986 zur Welt und machte mich mit viereinhalb Jahren zur „großen Schwester".
Ich habe an unsere frühe Kindheit im Grunde nur schöne Erinnerungen.
Das Sprichwort 'Pack schlägt sich, Pack verträgt sich' passte wunderbar zu uns.
Ich hätte es für meinen Bruder mit jedem feuerspuckenden Drachen aufgenommen und jedes Monster unter seinem Bett verjagt. Und das, obwohl er eine richtige Nervensäge sein konnte.
Er klebte in den ersten Jahren ständig an mir und wollte mit mir spielen.
Und kleine Brüder sind keine guten Barbie-Spieler. Das hatte ich schnell begriffen.

Kurz nach dem neunten Geburtstag von Tobias verließ unser Vater unsere Familie von heute auf morgen. Er hatte eine andere Frau kennengelernt.
Zurückblickend ist dies die Zeit, von der ich die meisten Erinnerungen an Tobias habe. Es war eine sehr intensive Zeit, in der ich eine regelrechte Gefühlsachterbahn erlebte. Gefühle, welche mein Verhältnis zu meinem Bruder nachhaltig veränderten.

Verzweiflung, Angst, Trauer.
Alles Gefühle, welche ich an meinem geliebten kleinen Bruder ausgelassen habe. Oft habe ich ihn in meiner Verzweiflung geschubst, verpetzt und hin und wieder auch geschlagen. Ich hatte kein anderes Ventil, um mit der Situation zurechtzukommen. Einige blaue Flecken an ihm gingen auf mein Konto.

Freude, Liebe und Vertrauen.
Und zwar zu dem Zeitpunkt als mein Stiefvater in unser Leben trat.
Er hat versucht, uns wieder zu einer Einheit zusammenzubringen.
Wir zogen in sein Haus ein und er baute es eigenhändig für uns Kinder um.
Tobias und ich näherten uns wieder an, tauschten Geheimnisse aus und unser frühkindliches Verhältnis kam langsam zurück. Die letzten schwierigen Monate schienen langsam zu verblassen.

Wut, Hass und Trotz
Während dieser Umbauphase bewohnten wir das Gästezimmer. Ich, vollpubertierend und gerade auf dem Weg erwachsen zu werden, und Tobias, ein Quälgeist, wie er im Buche stand.
Ich habe es gehasst. Ich habe angefangen alles und jeden dafür verantwortlich zu machen und habe Mittel und Wege gesucht, um auszubrechen. Meiner Mutter und meinem Stiefvater bin ich heute sehr dankbar, dass sie die Nerven behielten und ruhig blieben.
Meine Teenager-Hormone rebellierten und wieder war Tobias derjenige, der vieles abbekam. Mittlerweile war er etwas älter und unsere Auseinandersetzungen waren nicht mehr körperlich. Aber das machte die Situation nur geringfügig besser.

Nach dem Umbau begann eine Zeit, in welcher sich meine Beziehung zu meinem Bruder wieder etwas entspannte. Jeder hatte sein eigenes Zimmer und somit auch seine Privatsphäre.
Wir begannen eigene Wege zu gehen und ließen uns weitestgehend in Ruhe. Auch die Liebe zueinander begann wieder die Oberhand zu gewinnen. Wir mochten uns einfach.

Leider war dies nur eine kurze Zeit. Denn auch wenn mein Verhältnis zu meinem kleinen Bruder wieder besser wurde – meine innere Welt war noch lange nicht in Ordnung.
Heute weiß ich, dass ich bereits in diesem Alter unter Depressionen litt – aber vor 15 -20 Jahren war dies bei Jugendlichen noch undenkbar.
Ich wurde mit 18 Jahren ungeplant schwanger und zog aus dem elterlichen Haus aus. Einen Partner hatte ich nicht, ich war mit dem Vater meines Ungeborenen nur einige Wochen liiert. Ich wollte allen zeigen, dass ich es auch ohne Hilfe schaffe. Unterstützungsangebote, Umarmungen oder gute Ratschläge konnte ich in der damaligen Situation nicht wahrnehmen. Ich ging bereits 4 Wochen nach der Geburt meines Sohnes wieder zur Schule und anschließend arbeiten.

Der Kontakt zu Tobias wurde im Laufe der Zeit immer weniger. Er begann eine Ausbildung und ich hatte mit meiner Krankheit und meinem Alltag zu kämpfen. Die Depressionen entfernten mich immer weiter von meiner Familie. Ich entfernte mich nicht nur emotional. Ich wechselte auch ständig die Wohnungen, zog von einem Ort zum nächsten. Hatte das Gefühl immer weglaufen zu müssen.

Und etwa 3,5 Jahre nach der Geburt meines Sohnes kam der Zeitpunkt, an dem ich meinen Bruder das letzte Mal sprach. Mitten in der Stadt trafen wir uns zufällig, ein kurzer Zwischenstopp auf seinem Arbeitsweg. Ein kurzes „Hallo" und die Frage wie es allen geht. Viel zu kurz und unpersönlich. Viel zu lieblos.

Kurz danach verschlug mich mein Weg ins Ruhrgebiet. Ich versuchte immer noch meiner Krankheit davonzulaufen und mein Leben hinter mir zu lassen. Hatte den Kontakt zu meinen Eltern bereits weitestgehend eingestellt und sah auch keinen Anlass, mich bei meinem Bruder zu melden.
Das Leben lief einfach weiter. Diese Entfernung tat mir gut. Diese Distanz brauchte ich um mein Leben zu ordnen und wieder auf einen grünen Zweig zu kommen. Ich lernte meinen Mann kennen, brachte meine Tochter zur Welt und heiratete einige Monate darauf. Ich gewann wieder die Oberhand über mein Leben und war sogar schon fast soweit, wieder den Kontakt zu meiner zurückgelassenen Familie aufzunehmen.

Dann kam der 17.01.2010.

Abends erhielt ich eine Nachricht von meiner Cousine, mit welcher ich sporadisch Kontakt in einem sozialen Netzwerk hielt.
„Janine, ich weiß nicht, ob du es schon gehört hast, aber Tobias ist gestorben. Es tut mir leid!"
Mein Herz setzte einen Moment aus und ich weiß bis heute nicht, wie ich es schaffte so schnell zu unserem Nachbarn zu rennen um bei meiner Mutter anzurufen. Weswegen ich zu unserem Nachbarn lief, weiß ich bis heute nicht.
Bereits am nächsten Morgen stand ich bei meinen Eltern vor dem Haus, mit einem Ehemann und einer Tochter, von denen die beiden bis dato nichts ahnten.
Die erste Umarmung seit Jahren mit meiner Mutter. Das ist alles, woran ich mich bis heute erinnere.
Ich habe keine Ahnung, was in den nächsten Tagen genau passierte. Mein Mann erzählte mir zwar alles, aber ich selbst kann mich nicht daran erinnern.
Erst der Tag der Trauerfeier ist mir wieder voll im Gedächtnis. Der schrecklichste Tag, den ich je erlebt hatte.

„Haltet die Welt an, denn es fehlt ein Stück"

Dieses Lied wurde auf der Beisetzung gespielt. Und bis heute kenne ich keinen treffenderen Titel, für mein Gefühl, welches ich in diesem Augenblick hatte.
Die Jahre in denen ich zu meinem kleinen Bruder keinen Kontakt hatte, waren vergessen. Im Grunde waren sie an diesem Tag nicht existent. Ich war einfach nur unendlich traurig.
Und doch trauerte ich an diesem Tag um einen anderen Menschen, als alle anderen auf der Beerdigung.
Ich beweinte meinen geliebten kleinen Sonnenschein. Die Nervensäge, welche morgens um 6 Uhr in mein Bett gekrabbelt kam und mich zum Spielen überreden wollte. Ich trauerte um den Jungen, mit dem ich mich um das größere Stück Kuchen gekabbelt habe, mit dem ich um die Fernbedienung gekämpft habe und um den Jungen, für den ich so gern noch im Erwachsenenalter der Drachentöter gewesen wäre. Und wenn schon kein drachentötender Held, dann wenigstens ein guter Zuhörer und Ratschlaggeber.

Ich trauerte nicht um den 23-jährigen Mann, welcher bereits mit seiner Freundin in einer Wohnung wohnte, der einen Führerschein hatte und einen guten Job sein eigen nannte.
Dieser Mann ist mir bis heute fremd.

So dauerte es auch nicht wirklich lange bis ich anfing zu zweifeln. Habe ich überhaupt das Recht zu trauern? Darf ich traurig sein?

Gedanklich schob ich meine Traurigkeit in den nächsten Monaten davon. Ich hatte für mich eine kleine Kammer gefunden, in der ich alles einsperren konnte. Es fiel mir in diesem Augenblick auch gar nicht so schwer, da wenig Zeit war mich mit meinem eigenen Gefühlsleben auseinanderzusetzen.
Meine Eltern hatten mich zwar mit offenen Armen wieder aufgenommen und auch für den neuen Schwiegersohn und die Enkeltochter einen Platz in ihren Herzen gefunden, aber zusätzlich zur Trauerarbeit kam auch noch die „Familienzusammenführung" hinzu.
Das war genug Arbeit um mich in den nächsten Monaten von der Trauer abzulenken.

Ich war lange Zeit der Meinung, dass es mir wirklich richtig gut geht. Ich war zwar traurig und vermisste Tobias auch sehr, aber ich hatte nicht den Boden unter den Füssen verloren.

Bis ich dann im März 2011 schwanger wurde.
Während der Namenssuche war mir von Anfang an klar: Wird es ein Junge, bekommt das Baby als zweiten Namen Tobias und ein Mädchen sollte den Namen Tove erhalten, die skandinavische weibliche Form des Namens.
In der Schwangerschaft selbst hatte ich häufiger den Gedanken, an meinen Bruder und zog Parallelen zwischen unserer Kindheit und der meiner beiden jüngeren Kinder. Vor allem, da meine Tochter mir charakterlich unwahrscheinlich ähnlich ist. Und auch der Altersunterschied sollte etwa derselbe sein. Aber im Grunde war ich noch recht entspannt, da die Ärzte uns in der Mitte der Schwangerschaft mitteilten, dass wir ein weiteres Mädchen erwarteten.

Den Boden unter meinen Füssen verlor ich erst am Tag der Geburt. Nach schmerzhaften Wehen hielt mir die Hebamme völlig unerwartet meinen SOHN hin und ich fiel augenblicklich aus allen Wolken. Nicht nur, dass es ein Schock war, dass dieser winzige Mensch einen kleinen Körperteil mehr zur Verfügung hatte als angekündigt – meine Gedanken schossen auch direkt 25 Jahre zurück und ich musste an meinen Bruder und mich denken. Wochenlang kämpfte ich darum meinen jüngsten Sohn auch tatsächlich als mein Kind anzunehmen. Die Vergleiche zu meiner eigenen Kindheit traten wieder in meine Gedanken und die Trauer um meinen Bruder kam mit einem Mal wieder zurück. Ich befürchtete ab nun mein Leben in Déjà-vu verbringen zu müssen.
Mehr als eineinhalb Jahre nach dem Tod meines Bruders fiel ich in ein bodenloses Loch.

Ich hatte Schwierigkeiten, morgens aus dem Bett aufzustehen und meine Kinder zu versorgen. Ich weinte den ganzen Tag und schlief nachts schlecht.
Am zweiten Todestag meines Bruders zog ich dann die Reißleine. Ich wollte meinen Kindern keine schlechte Mutter sein und wollte nicht von der Trauer zerfressen werden. Denn noch immer hatte ich das Gefühl, gar nicht wirklich trauern zu dürfen. Umso wütender war ich auf mich, dass ich es dennoch tat. Ich trauerte. Ganz gehörig sogar. Und wusste überhaupt nicht, wie ich damit umgehen sollte.
Daher ging ich damals zu meinem Hausarzt und vertraute mich ihm an. Er sah, wie schlecht es mir ging und schickte mich postwendend zu einem Psychiater, wo er mich als Notfall ankündigte. Bereits eine Stunde später

saß ich bei diesem Mann in der Praxis und ließ mir Antidepressiva und ein Schlafmittel verschreiben.
Heute weiß ich, dass diese Mittel meine Rettung waren. Ich kam zur Ruhe und die Trauer um meinen Bruder, der „Schock" über das falsche Geschlecht meines Babys und meine allgemeine Erschöpfung ebbten ab. Schon ein halbes Jahr später setzte ich die Tabletten wieder ab. In der Hoffnung nicht erneut so von Trauer überrollt zu werden.

Ich begann mich bewusst mit allem, was in meinem Leben passiert war auseinanderzusetzen.
Vor allem mit dem Verlust meines Bruders.
Endlich konnte ich versuchen mich rational mit meiner Trauer auseinanderzusetzen, ohne bei jedem Gedanken direkt in Tränen auszubrechen. Und ich bin ein Mensch, der dieses „Auseinandersetzen mit den Gefühlen" braucht um sie zu verstehen und zu verarbeiten.
Dies war eine sehr anstrengende Zeit.
Menschen, die ich damals Freunde nannte, verstanden überhaupt nicht, was mich bewegte. Ich suchte das Gespräch und versuchte so meine persönliche Trauer zu verarbeiten.
Da fielen dann Sätze wie: „Dein Bruder ist zwei Jahre tot. Das Leben geht weiter!" oder „Also, so langsam ist's ja mal gut mit trauern ..."

Niemand verstand damals, dass ich ja gerade erst anfing mich mit meinem Verlust auseinanderzusetzen.
Die ganzen zwei Jahre zuvor wurde ich immer nur gefragt, wie es meinen Eltern geht. Ob meine Eltern mit dem Verlust zurechtkommen. Und wie sehr man meine armen Eltern bedauerte.
Zudem hatte ich mir selbst untersagt, wirklich traurig zu sein. Ich kannte den erwachsenen Mann, welcher starb immerhin nur wenig.

Langsam begann sich eine unterdrückte Wut in mir aufzubauen. Aber anders, als in meiner Jugend waren diesmal meine Eltern das Ziel meiner Wut und ich konnte mittlerweile so gut damit umgehen, dass ich sie nicht mit diesem Gefühl konfrontierte. Denn sie konnten nichts dafür. Ich war sauer, dass es sich diese zwei Jahre immer nur um sie drehten. Ich begann eine Art Traueregoismus zu entwickeln.

Ich hatte das Recht zu trauern.
Ich hatte immerhin auch einen Menschen verloren.

Ich hasste manchmal alle Menschen, die zu meinen Eltern in Kontakt standen.
Ich wollte auch einmal gefragt werden, wie es mir, in Bezug auf meinen Bruder, geht.
Ich war wütend.

Meine Eltern bekamen viele Geschenke mit dem Namen meines Bruders oder Geschenke im Andenken an meinen Bruder. Und warum bekam ich niemals etwas, was an Tobias erinnerte? War meine Trauer nichts wert?

Ich war so wütend. Auf mich, auf meine Umwelt und auf meine Eltern. Aber ich wusste auch, dass ich eigentlich auf jemand anderen wütend war - auf Tobias! Wenn er nicht gestorben wäre, hätte ich meine Ruhe und müsste mich mit diesem Thema nicht auseinandersetzen. Er hat mich einfach mit diesem ganzen Mist allein gelassen. Er war der Jüngere von uns. Er hätte gar nicht sterben dürfen.

Und vor allem hat er mir nie die Möglichkeit gegeben mich mit ihm auszusprechen, ihn um Verzeihung zu bitten und mich mit ihm zu versöhnen. Wir waren zwar nicht im Streit auseinandergegangen, dennoch hatte ich das Gefühl mich bei ihm entschuldigen zu müssen.

Nur langsam begann ich zu verstehen, dass diese Wut, welche ich in mir trug, zu meiner persönlichen Trauerarbeit gehörte.
Und je mehr mir bewusst wurde, dass ich wirklich auch das Gefühl der Wut raus lassen darf, desto einfacher wurde es, loszulassen. Tag für Tag, Monat für Monat wurde es etwas einfacher.

Es wurde einfacher sich für meine Eltern zu freuen, wenn sie wieder einmal ein schönes Geschenk erhalten haben, das an Tobias erinnert. Es wurde einfacher auch mal wirklich über Tobias zu lachen, ohne Tränen dabei zurückzuhalten. Und es wurde einfacher der verloren geglaubten Liebe zu meinem Bruder wieder Platz zu machen.

Die Wut löste sich im Laufe der Zeit immer mehr in Luft auf. Aber dieser kleine Funke der Eifersucht blieb.

Erst nachdem die Wut nicht mehr da war, bemerkte ich, dass nicht nur die bekannten Gefühle wie Wut, Trauer, Liebe in meinem Herzen wohnten. Es war auch ein kleiner Funke von Eifersucht vorhanden.

Nach dem Tod meines Bruders begannen alle nur noch liebevoll von ihm zu sprechen. Kein Mensch erwähnte seine Macken und negativeren Charaktereigenschaften. Es war, als wäre er der perfekte Sohn, Lebensgefährte, Wunschschwiegersohn und Freund gewesen.

Jeder weiß, dass Rivalität unter Geschwistern dazugehört und im gewissen Rahmen auch normal ist. Aber mir wurde bewusst, dass es auch über den Tod hinaus einen kleinen Funken Rivalität gab. Er war perfekt. Zumindest taten nach Tobias' Tod alle so. Und ich wusste, dass ich es niemals sein würde.

Nur durch viele Gespräche mit meinen Eltern, vor allem mit meiner Mutter wurde mir bewusst, dass meine Eltern und andere enge Freunde seine Macken mittlerweile als unwichtig betrachteten und andere Menschen ihn nicht genug kannten, um dies zu erwähnen.

Diese Gespräche zeigten mir, dass mein Umfeld bereits zwei Jahre zuvor mit ihrer Trauerarbeit begonnen hatten. Und ich hoffte für mich sehr, auch irgendwann den Punkt zu erreichen, an welchem ich zwar die Macken meines Bruders noch wusste, sie aber keine Rolle mehr spielen würden.

Diese gesamten negativen Gefühle, allem voran die Wut, bestimmten in vielen Teilen mein Leben und vor allem auch die Trauer um meinen Bruder. Heute versuche ich diese Wut umzuwandeln in Respekt, Akzeptanz und in Liebe sowie Zuneigung. Meine Wut auf Tobias hat sich in Liebe zu einem außerordentlichen Menschen verändert. Einer Person, der es über seinen Tod hinaus geschafft hat, die Menschen miteinander zu verbinden und Brücken zu bauen.

So makaber es klingt: Ohne seinen Tod wäre unsere Familie nicht so eng zusammengerückt. Ich hätte niemals wieder dieses Verhältnis zu meinen Eltern aufbauen können, welches wir heute haben.

Wenn ich an Tobias denke, freue ich mich mittlerweile immer darüber, dass er so sehr geliebt wird, dass seine Liebe sogar unsere Familie wieder versöhnt hat. Mein Verhältnis zu meiner Mutter und meinem (Stief-) Vater ist heute intensiver denn je.

Habe ich überhaupt das Recht zu trauern?
Ist meine Trauer mit der Trauer anderer Geschwister vergleichbar?

Mittlerweile sind fast sechs Jahre vergangen, seit mein Bruder am plötzlichen Herztod starb.

Rückblickend habe ich für mich tatsächlich endlich den Punkt erreicht, an welchem ich mit einem warmen Gefühl an Tobias denke. Ich kann mittlerweile lächelnd über ihn reden und bin dankbar dafür, dass er so vielen Menschen so nahe stand. Auch wenn ich noch immer um einen anderen Menschen trauere als alle anderen um mich herum. Meine Trauer ist genauso echt, meine Gefühle zu meinem Bruder sind nicht weniger als die der anderen Geschwister, nur weil ich ihn in seiner Jugend zuletzt sah.

Einzig zum Friedhof gehe ich heute nicht mehr. Vor ein paar Jahren war ich dort häufiger. Aber dort liegt der Tobias, um den alle anderen so sehr trauern. Ein toller Mensch, der warmherzig, humorvoll, freundlich und voller Liebe zu meinen Eltern, seiner Freundin und allen anderen Menschen war.
Dort liegt nicht der Teenager-Bruder, an den ich mich erinnere. Mit seiner blondierten Igelfrisur, seinen Hosen - welche fast vom Hintern rutschten und seiner nervigen Musik.

Dort liegt auch nicht der kleine dreijährige Lockenkopf, welcher meinen Namen nicht richtig aussprechen konnte und den ich am liebsten vor allem Unheil bewahrt hätte.

Aber auch wenn ich ihn als 23-Jährigen nicht mehr kannte, bin ich sehr stolz, dass ich einen wunderbaren Bruder hatte und in meinem Herzen immer bei mir trage.

Jedes Jahr versammeln sich einige Menschen, welche Tobias gern hatten an seinem Todestag und an seinem Geburtstag bei einer Fastfoodkette. Ganz einfach, weil er dort unheimlich gern gegessen hat. Es ist eine kleine Geste, die unserer ganzen Familie sehr wichtig geworden ist. Jedes Jahr begegne ich dort den Menschen, die mein Bruder über alles liebte – welche ich aber erst nach seinem Tod kennenlernen durfte.

Ich war immer sehr skeptisch, zu diesen Treffen zu fahren. Ich fühlte mich immer sehr unwohl, auch wenn mir dieser Tag immer wichtig war. Aber meine Sichtweise auf diese Treffen hat sich verändert. Bis heute fällt es mir immer sehr schwer mit den anderen Menschen, die Tobias in ihren Herzen tragen, zu sprechen. Es gibt wenige Gemeinsamkeiten – zu unterschiedlich sind zum Teil die Erinnerungen an ihn.

Ich treffe dort seine frühere Freundin, ihre Eltern, seine ehemalige Clique, ... aber dort kommen auch Menschen hin, welche Tobias als Kind kannten. Ehemalige Nachbarn, Freunde aus Kindheitstagen. Und es kommen sogar Menschen, die Tobias selbst nie persönlich kennengelernt haben, Freunde meiner Eltern, Verwaiste Eltern.

Es ist wunderbar zu sehen, welche Spuren Tobias in den Herzen so vieler Menschen hinterlassen hat.

Danke Tobias, für so viele wundervolle Erinnerungen an Dich!
... Deine Nini ...

Janine H.

Ute B.
*12.04.1957 +26.01.1958

Chancenloser Wettlauf – ein Brief an meine Schwester

Liebe Ute,

nun schreibe ich dir heute zum ersten Mal nach 57 Jahren einen Brief.
Als du damals, 1958, mit zehn Monaten im Bett an Erbrochenem ersticktest, waren unsere gemeinsamen Eltern erst 19 bzw. 27 Jahre alt und ich selbst sollte erst drei Monate später geboren werden.

Obwohl wir uns nie persönlich kennenlernen durften, war meine Kindheit und Jugend von dir als meiner großen Schwester geprägt. Bewusst wurde mir das erst nach fast 30 Jahren, als mich mein damaliger Psychoanalytiker aufforderte, doch endlich dein Foto aus meiner Brieftasche zu entfernen. Inzwischen war ich schon selbst Mutter eines wunderbaren Sohnes, den ich später als 21-jährigen jungen Mann durch einen Autounfall wieder verlieren sollte. Aber nun erst einmal von Beginn an:

Am 12.04.1957 erblicktest du das Licht der Welt, deine jungen Eltern heirateten kurz nach ihrem Kennenlernen und lebten mit dir gemeinsam als junge Familie auf anfangs sehr begrenztem Raum. Dein Bettchen stand in der Küche und unsere sehr junge und bereits wieder im siebten Monat schwangere Mama war absolut überfordert, dich dort im Januar 1958 morgens leblos vorzufinden. Angeblich hat unser Papa an diesem Tag erst- und letztmalig lauthals geweint.

Den Erzählungen nach warst du von Beginn an ein außergewöhnliches Kind, nämlich klein, rund, immer freudestrahlend lächelnd. Selbst bei der Kinderärztin, die regelmäßig ein wohl schmerzhaftes Geschwür an deinem Köpfchen behandeln musste, zeigtest du dich tapfer und freundlich und konntest dir der Bewunderung deines Umfeldes sicher sein. Jeden hast du in deinen Bann gezogen, warst der Liebling der im Haus wohnenden Großfamilie, warst pflegeleicht, brauchtest schon mit zehn Monaten keine Windeln mehr, hast deine Eltern nachts schlafen lassen, nie etwas gefordert und wirktest schon zu Lebzeiten wie ein Engel (die Aussage unserer Mama, nachdem wir vor wenigen Jahren ERSTMALS über dich sprachen).

Ja, das klingt alles wunderbar, aber in irgendeiner Form war es für mich, zumindest unbewusst auch ein, nein DAS Problem!
Unvorstellbar: Unserer Mama ist damals als Schwangere verboten worden an deiner Beerdigung teilzunehmen. Es wurde ihr gesagt, sie dürfe nicht an einem offenen Grab stehen (Religion, Aberglaube?), aber sie musste danach erfahren, dass der katholische Priester an deinem Grab gesagt habe: „Hoffentlich kann Gott dem Kind die großen Sünden vergeben!"
Deine „Sünde" als zehnmonatiges Kind bestand darin, dass du vor der Hochzeit gezeugt worden warst. Ich kann mir beim besten Willen nicht vorstellen, dass du an diesem Akt auch nur andeutungsweise Schuld getragen haben könntest. Aber das ist ein anderes Thema. Als Konsequenz hat unser Papa keine Kirche mehr betreten.

Ich weiß nicht, was ich in den letzten drei Monaten vor meiner Geburt im April 1958 als Embryo mitbekommen habe. Ich weiß nicht wie und ob sich die Trauer unserer Mama auf mich übertragen hat. Aber ich kann mich sehr gut daran erinnern, wie du immer von allen anderen Familienmitgliedern lobend erwähnt worden bist. Dein unverwechselbarer Charakter, deine liebreizende Art, deine Vernunft, deine „Heiligkeit" (zumindest habe ich es als Kind so wahrgenommen). Gleichzeitig sind in mir die Erzählungen haften geblieben, dass mich in der ersten Zeit nach meiner Geburt niemand anfassen wollte. Plötzlich lag ICH raumeinnehmend in DEINEM Bettchen, welches inzwischen im Elternschlafzimmer stand. Und dann war ich auch noch das ganze Gegenteil von dir, nämlich lang, dünn, schreiend, fordernd und habe unseren Papa nachts schreiend aus dem Bett vertrieben ...

Ich sollte das letzte Kind unserer Eltern bleiben. Sie haben mich nie abgelehnt, nie etwas von mir gefordert, ich wurde verwöhnt und du wurdest von ihnen niemals erwähnt. (Erst nach dem Wechsel unseres Sohnes in die geistige Welt habe ich mit unserer Mama erstmals über dich gesprochen. Unser Papa hat den Verlust seines einzigen Enkels nicht verkraftet und reiste nur eine Woche später zu euch beiden geliebten Menschen).

Du warst in meinem Erleben und Erzählen aber immer meine geliebte große Schwester. Jahrelang habe ich mein Taschengeld gespart, um dir schöne Herzen und Blumen an die Grabstätte zu bringen. Regelmäßig besuchte ich dich dort gemeinsam mit unserer Tante Steffi. Diese Besuche waren mir sehr wichtig, dein Foto stand immer an meinem Bett. Eine Welt brach für mich zusammen, als nach zehn Jahren dein Grab eingeebnet wurde. Ohne jede Vorankündigung stand ich mit meinen Blumen vor dem NICHTS. Niemand konnte es mir erklären. In diesem Moment drohte mir, meine Schwester gefühlsmäßig zu verlieren. Ich gehe davon aus, dass mit diesem damaligen Schreckenserlebnis meine Abneigung gegenüber Friedhöfen bis zum heutigen Tage zu begründen ist, so dass ich später für meinen Sohn eine andere Lösung finden musste und wollte.

Aber du bliebst natürlich meine geliebte, große Schwester. Immer habe ich dich anderen gegenüber erwähnt, dich niemals außen vor gelassen, dich nicht nur in der Brieftasche, sondern auch im Herzen getragen.

Doch mein Bestreben bestand immer darin, unseren Eltern zu gefallen. Ihre Wünsche - möglichst noch bevor sie geäußert worden waren - zu erfüllen. Ich habe unaufgefordert Betten bezogen, geputzt, eingekauft, gute Noten nach Hause gebracht usw. Aus dem anfangs schreienden Baby wurde ein absolut liebes und pflegeleichtes Kind. Ich war darum bemüht, unsere Eltern nicht zu belasten, nicht zu enttäuschen und fühlte mich für alles verantwortlich. Das setzte sich später auch anderen Personen gegenüber fort und es entwickelte sich zunehmend ein Helfersyndrom, was mir erst durch eine spätere Eigenanalyse (inzwischen arbeitete ich selbst als Therapeutin) bewusst werden sollte. Mir wurde zunehmend deutlich, wie sehr meine kindlichen Ängste, nicht zu genügen, nicht genug Beachtung und Liebe zu erfahren von deinem viel zu kurzen Besuch auf dieser Welt hier geprägt worden sind.

Tatsächlich entfernte ich dann dein Foto aus meiner Brieftasche (inzwischen hängt es allerdings vergrößert wieder in meiner Fotogalerie auf dem Flur). Ich erkannte, dass ich jahrzehntelang eine ganz normale geschwisterliche, unterdrückte Rivalität gelebt hatte, bis mir dann endlich als erwachsene junge Frau bewusst werden durfte, dass man gegen eine tote Schwester einfach nicht „gewinnen" kann; es ist verlorene Liebesmüh!

Inzwischen bin ich mit mir und dir absolut im Reinen. Ich liebe dich als meine verstorbene Schwester, spüre, dass du gemeinsam mit unserem Papa und meinem Sohn auf uns hier aufpasst und unser Leben begleitest.
Ich freue mich auf ein Wiedersehen und -erkennen, wenn auch meine Zeit gekommen sein wird!

In ewiger gesunder geschwisterlicher Verbundenheit

Deine Ully

Ully Sch.

Yannick W.
*07.08.1991 +13.09.2011

Mein Bruder Yannick ist mein Seelenverwandter, mein engster Vertrauter. Er gehört zu den Menschen, die mich am längsten kennen. Viele finden es vielleicht merkwürdig, dass ich von meinem Bruder in der Gegenwart schreibe, obwohl er mittlerweile über vier Jahre tot ist. Für mich bleibt mein Bruder jedoch mein Bruder, daran ändert auch der Tod nichts. Ich bin zugleich seine große und kleine Schwester. Ich bin zwar dreieinhalb Jahre älter, aber eben ein ganzes Stück kleiner. Wir passen gegenseitig aufeinander auf.

Ich beneide Yannick für viele seiner Charaktereigenschaften. Ich bin ein eher introvertierter, schüchterner Mensch. Yannick hingegen ist ein sehr offener Mensch und kann mit nahezu jedem eine lebhafte Unterhaltung beginnen. Er ist lebenslustig und chaotisch, aber auch ein guter Gesprächspartner für ernste Themen. Natürlich gab es auch den ein oder anderen heftigen Streit, aber das ist, glaube ich, ganz normal zwischen Geschwistern. Wir wissen jedoch, dass wir uns immer aufeinander verlassen können.

Im Sommer 2011 standen für uns einige Veränderungen an. Yannick hatte sein Abitur bestanden und wollte zu Hause ausziehen, um in Stuttgart zu studieren. Der Studienplatz bei IBM war in der Tasche und das WG-Zimmer angemietet. Wir waren noch nie für längere Zeit räumlich getrennt und wollten deshalb noch einmal zusammen Urlaub machen. Es ging zu unserer Mutter und unserem jüngeren Bruder Oscar an die französische Atlantikküste. Uns begleitete mein Lebensgefährte Maik. Yannicks Freundin Caroline sollte einige Tage später nachkommen. Als wir am 11. September ins Flugzeug stiegen, rechnete niemand damit, dass dies tatsächlich unser letzter gemeinsamer Urlaub werden sollte.

Wir flogen von Frankfurt über London nach Bordeaux. Wir alle waren noch nie zuvor in England gewesen und so waren wir fasziniert von der englischen Währung, den Londoner Preisen und der Zeitverschiebung. Mir war etwas mulmig zumute. Genau an diesem Tag jährte sich der Terroranschlag auf das World Trade Center in New York zum zehnten Mal und wir hatten einen längeren Aufenthalt am Londoner Flughafen. Gegen Abend trafen wir jedoch alle wohlbehalten bei unserer Mutter ein.

Am nächsten Tag - einem Montag - ging es weiter ans Meer. Das Auto vollgepackt bis unters Dach, machten wir uns zu fünft auf den Weg ins etwa 160 Kilometer entfernte Capbreton. Dort hatten wir eine kleine Ferienwohnung direkt am Meer gemietet. Ich war einfach glücklich. Das Wetter war perfekt und Yannick wollte mir nach einem Surfkurs im Sommer das Surfen beibringen. Nachmittags machten wir uns auf den Weg an den Strand und verbrachten einen schönen gemeinsamen Tag.

Dienstagmorgen stellte sich heraus, dass Oscar mit Fieber aufgewacht war. Unsere Mutter machte sich also mit ihm auf den Weg zum Kinderarzt. Wir Übrigen frühstückten gemütlich gemeinsam. Yannick war ganz unruhig und wollte unbedingt schon an den Strand gehen, um zu schauen, „wie die Wellen so sind". Maik und ich blieben in der Ferienwohnung zurück und machten Baguettes für den Tag am Strand fertig. Yannick kam zurück und zu dritt machten wir uns auf den Weg zum Strand. Wir schwammen im Meer und ließen uns mit einem Bodyboard (einem kleinen Surfbrett) durch die Wellen ziehen. Wir machten uns keine Sorgen, sondern hatten einfach Spaß. Einige Zeit später kam dann auch unsere Mutter mit unserem kleinen Bruder nach. Oscar war zu dem Zeitpunkt fünf Jahre alt.

Die Mittagszeit war mittlerweile vorüber und der Hunger machte sich bemerkbar. Wir setzten uns gemeinsam auf unsere Handtücher und vertilgten unsere mitgebrachten Sandwiches. Yannick wollte anschließend direkt wieder ins Wasser. Kurze Zeit später fiel Maik auf, dass er Yannick nicht mehr im Wasser entdecken konnte. Wir liefen runter ans Ufer. Links von mir kam das Bodyboard an Land gespült. Die Handschlaufe war abgerissen. Wenige Minuten später konnten wir meinen Bruder kurz im Wasser sehen. Herbeigeeilte Passanten versuchten zu ihm zu schwimmen, konnten ihn jedoch wegen der hohen Wellen nicht erreichen, bevor er wieder abtauchte. Die umherstehenden Menschen zeigten nur wenig später nach rechts, dort trieb mein Bruder mit dem Kopf unter Wasser. Nachdem wir ihn aus dem Wasser gezogen hatten, fingen zwei junge Männer sofort mit Erste-Hilfe-Maßnahmen an. Trotz mehrerer absolvierter Erste-Hilfe-Kurse war ich in diesem Moment nicht in der Lage die Hilfs-Maßnahmen richtig durchzuführen. Ich wollte und konnte mir einfach nicht vorstellen, dass wirklich etwas Ernsthaftes passiert war. Die Rettungskräfte trafen nur kurze Zeit später ein. Erst der Krankenwagen, dann der Hubschrauber mit dem Ärzteteam. Insgesamt hatte man Yannick über einen Liter Wasser aus der Lunge gepumpt. Bis Yannick im Krankenwagen lag und die Ärztin zu uns kam, um uns mitzuteilen, dass sie ihn leider nicht mehr retten konnten, dachte ich immer noch, dass alles gut werde und wir mit einem großen Schrecken davon kommen würden.

An viele Dinge kann ich mich gar nicht mehr genau erinnern. Vieles an diesem Tag lief wie ein Film an mir vorbei. Ich fühlte mich wie eine außenstehende Beobachterin und handelte so automatisch wie ein Roboter. Wenn ich an diesen Tag zurückdenke, entsinne ich mich noch an die entsetzten Blicke der Menschen. Daran, dass die Polizei uns in die Wohnung gefahren hat, obwohl es nur wenige Meter zu laufen gewesen wären, aber ich hatte nicht das Gefühl, dass meine Beine mich diese Strecke getragen hätten. Mein Bruder war gestorben. Oscar wiederholte ununterbrochen Worte, die ich am Strand vor mich hingemurmelt hatte. Ich stand neben mir. Wir mussten unsere Familie in Deutschland informieren, unseren Vater, unseren Bruder Elias, unsere Großeltern und natürlich auch Yannicks Freundin Caro.

Ich wollte die Anrufe selbst tätigen, ich wollte es selbst unserem Papa mitteilen. In dem Moment fühlte ich mich dazu verpflichtet. Noch heute kann ich mich genau daran erinnern, wie jeder Einzelne auf diese Nachricht reagiert hat. Die meisten reagierten mit Unglauben. Das war nur zu verständlich, ich konnte ja selbst nicht fassen, was passiert sein sollte, obwohl ich es mit eigenen Augen gesehen hatte.

Anschließend kamen Polizisten zu uns, die uns zu den Umständen befragten. Wir hatten jedoch selbst keine Erklärung, wie das hatte passieren können. Sie erklärten uns, dass die Strömung an diesem Strandabschnitt sehr stark sei und Touristen die Gefahren des Atlantiks oft unterschätzen. Ich war an diesem Tag selbst im Meer baden und auch ich habe weder die hohen Wellen noch die Strömung als Gefahr wahrgenommen.

Schon an der Unfallstelle hatte sich eine junge Französin um uns gekümmert, uns betreut und zwischen uns, den Ärzten und Sanitätern vermittelt. Sie hieß Stephanie und arbeitete für die Stadt Capbreton. Am Abend begleitete sie uns auch ins Krankenhaus zu einer Psychologin. Nach einem ausführlichen Gespräch gab diese jedem von uns für die erste Nacht eine Schlaftablette mit. Trotz der Ereignisse brauchte ich keine Tabletten zum Einschlafen. Ich war so erledigt von allem, dass ich spät in einen traumlosen, unruhigen Schlaf verfiel. Auch in den folgenden Wochen konnte ich mich nur sehr selten an meine Träume erinnern.

Wie ging es mir? Wie schafft man es weiterzuleben, wenn gerade der eigene Bruder gestorben ist?

Es gab wahnsinnig viel zu organisieren: Der Sarg musste ausgesucht werden. Kleidung für Yannick musste ausgewählt werden. Der Leichnam musste nach Deutschland überführt werden. Rückflüge für uns nach Deutschland mussten gebucht und die ursprünglichen Rückflüge storniert werden. Diese ganzen Aufgaben haben mir geholfen zu funktionieren. Ich funktionierte wie ferngesteuert. Ich konnte einige Tage lang nichts essen, schon bei dem Gedanken an Essen, hatte ich das Gefühl, mich übergeben zu müssen.

Während der gesamten Zeit begleitete uns Stephanie, sie war für uns wie eine Art Schutzengel. Sie nahm uns schwierige Aufgaben ab, half uns zu organisieren, sorgte dafür, dass unsere Tage in Capbreton Struktur bekamen und wir möglichst wenig Leerlauf hatten. Für uns war das in diesem Moment genau das Richtige.

Uns war es wichtig, noch einmal an die Unfallstelle zurückzukehren. Dort legten wir Blumen für Yannick nieder, stellten Kerzen auf und beschrifteten eines der Bodyboards.

Als in Capbreton alle Aufgaben erledigt waren, konnten wir endlich zurück zur Wohnung meiner Mutter fahren. Ich wollte zurück nach Deutschland. Zurück zu meiner „übrigen" Familie. In der kleinen Ferienwohnung in Capbreton hatte ich ständig das Gefühl zu ersticken.

Bei meiner Mutter zu Hause angekommen, machte ich mich abends daran, ein Gedicht zu übersetzen, welches Stephanie uns als Trost mit auf den Weg gegeben hatte. Die Worte aus diesem Gedicht begleiten mich seither und sind mir Trost bis heute:

Der Tod bedeutet nichts (von Henry Scott Holland)

Der Tod bedeutet nichts. Ich bin doch nur ins Zimmer auf der anderen Seite gegangen.
Ich bin ich, ihr seid ihr.
Das was wir waren, der eine für den anderen, wir sind es immer noch.
Nennt mich bei dem Namen, bei dem ihr mich immer genannt habt.

Sprecht von mir, wie ihr es immer getan habt.

Benutzt keinen anderen Ton, seid nicht traurig.
Lacht weiter, so als würden wir zusammen lachen.
Betet, lächelt, denkt an mich, betet für mich!
Mein Name soll so ausgesprochen werden, wie er es immer wurde, ohne Übertreibungen und ohne die Spur eines Schattens.

Das Leben bedeutet all' das, was es immer bedeutet hat.
Es ist das, was es immer war. Der Faden ist nicht gerissen. Warum soll ich aus euren Gedanken sein, nur weil ich aus eurem Blickfeld bin?
Ich warte auf euch. Ich bin nicht weit, nur auf der anderen Seite des Weges.
Seht ihr, alles ist gut!

Wir landeten sonntagabends in Deutschland. Maiks Vater holte uns vom Flughafen ab. In meiner Familie fühlte sich niemand imstande, längere Strecken mit dem Auto zurückzulegen. Wir trafen uns im Haus meines Vaters, auch Caro war gekommen. Sie wollten alle von uns hören, was in Frankreich vorgefallen war. Ich hatte vorab darum gebeten, dass beim ersten Gespräch nur die engsten Familienangehörigen anwesend sind.

Ich stellte erleichtert fest, dass auch meine Familie in Deutschland seit Yannicks Tod eine Art Schutzengel an ihrer Seite hatte. Die Bestatterin war eine alte Schulfreundin meines Vaters und stand allen mit Rat und Tat zur Seite und nahm uns alle unangenehmen Aufgaben ab.

Direkt am nächsten Tag begannen wir mit den Vorbereitungen für die Beerdigung. Einige Freunde von Yannick und Familienmitglieder kamen vorbei, um uns zu unterstützen. Uns war wichtig, dass alle, die Interesse daran hatten, mit in die Planung einbezogen wurden.
Es stand ziemlich schnell fest, dass die Beerdigung keine traditionelle Trauerfeier werden sollte. Wir wollten Yannick so verabschieden, wie er auch im Leben war.

Neben ruhigen Liedern suchten wir beispielsweise auch Reggaemusik aus. Ein Schulfreund hatte ein eigenes Lied für ihn geschrieben, wir waren uns alle einig, dieses sollte auf der Beerdigung gespielt werden. Einige Freunde erklärten sich sogar dazu bereit, den Redemption Song von Bob Marley während der Beerdigung zu spielen. Dazu bastelten wir große Bilderkollagen. Für mich war es sehr wichtig, mich so intensiv mit der Beerdigung auseinanderzusetzen. Das hatte gleich mehrere Gründe. Zum einen war ich beschäftigt, zum anderen hatte ich das Gefühl, ich konnte so etwas für meinen Bruder tun und wir haben natürlich ganz viel über Yannick geredet und gemeinsam in Erinnerungen geschwelgt.

Einige Jahre zuvor war Yannicks bester Freund an einer Herzmuskelentzündung gestorben. Auf der Beerdigung hatte Yannick eine Strophe aus einem Gedicht vorgetragen. Das wollte ich auch für meinen Bruder tun. Schnell stand fest, dass ich gemeinsam mit Felix (Yannicks engstem Freund) und Caro das Gedicht vortragen wollte, das Stephanie uns in Frankreich mit auf den Weg gegeben hatte.

Wir baten meine ehemalige Religionslehrerin, eine evangelische Pfarrerin, auf der Beerdigung zu sprechen. Das Vorgespräch hatte uns allen sehr gutgetan, wir durften vieles von Yannick erzählen. Dies hat sie zu einer ganz persönlichen Rede formuliert, die uns alle sehr berührt hat.

Auch Yannick, bzw. sein Körper, war mittlerweile in Deutschland angekommen. Noch hatten nicht alle Familienangehörige und Freunde die Möglichkeit gehabt, sich von Yannick persönlich zu verabschieden. Maik, meine Mutter und ich durften Yannick bereits in Capbreton besuchen. Für mich persönlich war es eine Herzensangelegenheit, Yannick noch einmal zu sehen. So wurde das Ganze für mich ein wenig realer. Ich konnte mich so auch körperlich verabschieden, indem ich ihn wenigstens noch an den Armen berühren und ihm über die Haare streichen konnte.

Für meine Familie aus Deutschland war es ein großer Schock, Yannicks Leichnam zu sehen. Bisher hatten sie nur unsere Erzählungen gehört und auf einmal wurden auch für sie diese Erzählungen zur Realität. Für mich war es wirklich schlimm, den Schmerz in den Gesichtern meiner Angehörigen zu sehen. Ich fühlte mich so hilflos und hatte das Gefühl alle anderen irgendwie aufheitern zu müssen. Diese Aufgabe hatte mein Bruder mir abgenommen: Der Bestatter in Frankreich wollte uns eine Freude bereiten und hatte für den Sarg eine Plakette mit Yannicks Namen angefertigt. Im Nachnamen befand sich jedoch ein Schreibfehler und der sorgte zumindest für ein kleines Schmunzeln.

Am 23. September, also zehn Tage nach Yannicks Tod, stand uns der Tag der Beerdigung bevor. Mein Hausarzt hatte mir für den Tag vorsichtshalber eine Beruhigungstablette mitgegeben, die ich aber nicht nahm. Ich hatte zu viel Angst, meine Trauer so nur zu verdrängen. An diesem Tag war ich sehr aufgeregt und aufgewühlt.

Die Bestatterin hatte die Trauerhalle mit vielen persönlichen Dingen dekoriert. Jeder Gast konnte ein Teelicht anzünden und an den Sarg stellen. So merkwürdig so ein Satz vielleicht klingen mag, aber ich hätte mir für meinen Bruder keine schönere Beerdigung vorstellen können. Ich war überwältigt, wie viele Menschen gekommen waren, um sich zu verabschieden. Auch viele meiner Freunde waren gekommen, um mich an diesem schwierigen Tag zu unterstützen.

Anschließend trafen wir uns noch mit dem engsten Freundes- und Familienkreis in einem Restaurant. Es gab eine von Yannicks Leibspeisen – Crêpes und Waffeln mit Nutella.

Nach der Beerdigung fuhren Maik und ich mit meinem Vater, dessen Frau Iris und meinem Bruder Elias zusammen in den Urlaub. Wir haben viel unternommen, um nicht zu sehr in unserer Trauer zu versinken. Die gemeinsame Zeit hat uns sehr gutgetan. Jeder wusste, was der andere gerade fühlt und durchmachte. So bekam jeder genug Raum zu trauern oder die Möglichkeit zu reden.

Als der Urlaub vorüber war, stand mir der erste Arbeitstag bevor. Ich hatte wirklich Panik. Die meisten Kollegen wussten, was passiert war. Ich hatte Angst vor merkwürdigen Blicken, Angst davor, wie die Leute auf mich reagieren würden. Im Vorfeld war es mir immer wieder passiert, dass ich von einigen Menschen behandelt wurde, als hätte ich eine ansteckende Krankheit. Viele Menschen, auch Freunde und Bekannte, konnten mit dem Thema Tod eines Jugendlichen nicht umgehen und gingen mir seitdem aus dem Weg.

Auf dem Weg zur Arbeit überlegte ich immer wieder umzukehren. Doch irgendwann musste ich mich dieser Situation stellen. Meine Panik war glücklicherweise unberechtigt, insgesamt wurde ich herzlich von meinen Kollegen empfangen. Sie freuten sich, mich nach einem Monat wiederzusehen und behandelten mich ganz „normal". Das war das Beste, was sie machen konnten.

Die folgende Zeit haben wir immer in gute und schlechte Tage eingeteilt. Gute Tage, waren Tage, an denen ich gut mit der Trauer umgehen konnte. Tage, an denen mich die Trauer nicht ohnmächtig werden ließ. Schlechte Tage waren genau solche Tage, an denen ich mich in Erinnerungen zurückzog und nicht mehr aufhören konnte zu weinen. Tage, an denen ich am liebsten im Selbstmitleid ertrunken wäre.

Wir besuchten mit der Familie einmalig einen Psychologen. Dieser gab mir den einfachen, aber wirkungsvollen Tipp: „Tu das, was dir im Moment guttut!" Wenn ich also Fotos schauen und weinen wollte, tat ich genau das. Ich verbot mir jedoch zu verzweifeln und mir Fragen nach dem „Warum?" zu stellen. Mir war und ist es noch heute wichtig, so zu handeln, wie es sich mein Bruder von mir gewünscht hätte. Auf ein „Warum?" gibt es keine Antwort. Mein Bruder hätte nie gewollt, dass ich an seinem Tod verzweifle und mein Leben aufgebe. Auch wenn es oft schwer war, habe ich mir genau das immer wieder gesagt. Ich hatte oft das Gefühl, nie wieder lachen oder mich glücklich fühlen zu können. Im ersten Jahr war ich fest davon überzeugt, dass ich mich nie wieder würde freuen können.

Natürlich überkamen mich auch immer wieder Schuldgefühle. Ich bin die ältere Schwester. Hätte ich besser auf meinen kleinen Bruder aufpassen müssen? Hätte ich ihn irgendwie retten können? In solchen Momenten habe ich mir wie ein Mantra immer wieder folgende Dinge gesagt: „Egal wie viele Vorwürfe ich mir mache, sie bringen meinen Bruder nicht zurück und machen den Unfall nicht ungeschehen. Und hätte Yannick gewollt, dass du dir diese Vorwürfe machst?" Diese Frage kann ich bis heute deutlich verneinen. Ich kenne meinen Bruder und weiß, dass es für ihn schlimm wäre, mich leiden und verzweifeln zu sehen.

Die schlechten Tage wurden immer häufiger nur zu schlechten Stunden. Diese „schlechten Stunden" werden aus meinem Leben nie wieder verschwinden. Stunden in denen ich um die genommene gemeinsame Zukunft mit meinem Bruder trauere. Momente, in denen ich mir nichts mehr wünsche, als noch ein einziges Mal mit meinem Bruder zu sprechen und ihn fest in den Arm zu nehmen. Die Momente, in denen die Trauer mich richtig überwältigt, werden jedoch immer seltener.

Ganz besonders schlimm sind natürlich solche Tage, die man normalerweise gemeinsam verbracht hätte. Ich konnte mir beispielsweise lange Zeit nicht vorstellen zu heiraten, weil für mich immer feststand, dass mein ältester Bruder einmal mein Trauzeuge sein wird.

Drei Monate nach Yannicks Tod stand das erste Weihnachten ohne ihn an. Die Vorweihnachtszeit ist eine besinnliche Zeit, in der man viele Momente mit Nachdenken verbringt. Für mich war und ist es eine schwierige Zeit. Ich brauche dann besonders viel Zeit für mich alleine, in der ich einfach mal in Gedanken bei Yannick sein kann. Sowohl an Weihnachten als auch an seinem Geburtstag fahre ich dafür gerne alleine auf den Friedhof und besuche sein Grab, bevor wir anschließend mit der Familie und Freunden gemeinsam auf den Friedhof gehen.

Kurz nach Yannicks Tod war es mir wichtig, dass auch der Kontakt zu seinen Freunden nicht verloren geht. Denn für sie waren die Erlebnisse genauso schockierend wie für uns. Caroline und ich beschlossen nach sechs Monaten ein gemeinsames Frühstück zu organisieren. Viele Freunde kamen und der gemeinsame Austausch hat allen gutgetan. Wir hatten für alle Gäste Karten vorbereitet, auf die sie Wünschen oder Gedanken schreiben konnten, die sie Yannick noch gerne mitteilen würden. Diese befestigten wir an mit Gas befüllten Luftballons und ließen sie dann symbolisch zu ihm in den Himmel aufsteigen.

Auch zu Yannicks Geburtstag oder Todestag ist es uns wichtig, Yannicks engste Freunde einzuladen und uns gemeinsam an ihn zu erinnern.

Den ersten Todestag verbrachte ich mit meinem Papa, meiner Mama, meinem jüngsten Bruder Oscar und Caro in Capbreton. Für uns war es wichtig, den Unfallort zu besuchen. Für mich war das erste Mal, dass ich an diese Stelle zurückkehrte. Ich wollte erst einmal alleine an den Strand. Die anderen kamen nach. Wir hatten Blumenkränze besorgt, um uns von Yannick zu verabschieden, wie es auf Hawaii dem Surferparadies üblich ist. Ich denke für uns alle war dieser Tag sehr bedeutsam.

Ich habe oft das Gefühl, dass Yannick uns immer wieder Zeichen schickt, die uns zum Schmunzeln bringen und uns zeigen, dass er auf uns aufpasst und dass es ihm gut geht.

Für mich war es immer wichtig, Aufgaben zu haben und viel Zeit mit der Familie zu verbringen. Wir gestalteten beispielsweise alle gemeinsam eine

Erinnerungshomepage und Yannicks Grab. Dieser Ort wurde für mich sehr wichtig. Ich ging anfangs täglich an sein Grab, um wenigstens eine Kerze anzuzünden. Auch hier war für uns schnell klar: Yannick bekommt kein „normales" Grab. So kauften wir von seinem, für ein Surfboard gespartes Geld, genau dieses, ließen es bekleben und stellten es mit Genehmigung des Bürgermeisters als Grabstein auf.

Kurz vor seinem 21. Geburtstag erfuhren wir, dass es möglich ist QR-Codes in das Grab zu integrieren. Yannick war schon immer sehr computerbegeistert und wir empfanden dies als ideales Geburtstagsgeschenk. Wir nahmen Kontakt zum entsprechenden Steinmetz aus Köln auf. Neben dem QR-Code wurde auch Yannicks Name in seiner eigenen Handschrift in den Stein eingearbeitet. Der Code führt zur Erinnerungshomepage, die wir für Yannick erstellt haben. Dieser neue Umgang mit Trauer hat sogar das SWR-Fernsehen dazu bewogen, über dieses Thema in einem Beitrag zu berichten.

Abgesehen von Aufgaben, die direkt mit Yannick und seinem Tod zusammenhingen, habe ich mir weitere Aufgaben gesucht. Ich engagierte mich beispielsweise im örtlichen Tierheim und führte mehrmals die Woche Hunde aus. Der Umgang mit den Tieren hat mir sehr gutgetan und ich merkte auch, dass ich es mir immer öfter erlaubte, ganz ohne schlechtes Gewissen zu lachen und wieder fröhlich zu sein.

Gemeinsam beschlossen mein Lebensgefährte Maik und ich, ein renovierungsbedürftiges Haus zu kaufen. Wir fassten zudem den Entschluss, einen Hund aus dem Tierheim bei uns aufzunehmen. Der einjährige Labrador Ben saß etwa drei Monate im Tierheim und wir waren regelmäßig zusammen spazieren. In dieser Zeit hatte ich ihn sehr in mein Herz geschlossen. Auch heute noch hilft mir die gemeinsame Arbeit mit ihm oder ein langer gemeinsamer Spaziergang einfach abzuschalten.

Nach etwa zweijähriger Pause habe ich nach dem Tod meines Bruders wieder mit Yoga begonnen. In der abschließenden Meditationsphase jeder Yogastunde, habe ich mich bewusst an meinen Bruder erinnert und ihm in meinen Gedanken mitgeteilt, was mich in der letzten Woche bewegt hat.

Ich habe auch angefangen Tagebuch zu schreiben. Jeden Abend habe ich alles aufgeschrieben, was ich sonst mit meinem Bruder besprochen hätte. Die Bücher bewahre ich, zusammen mit allen anderen Gegenständen, die mich an meinen Bruder erinnern in einer großen Holzkiste auf. Diese Kiste öffne ich an „schlechten Tagen" und schaue mir beispielsweise die darin aufbewahrten Fotos an.

Schon kurze Zeit nach Yannicks Tod fasste ich den Beschluss, ein Andenken an ihn auf meiner Haut zu verewigen. Mich haben Tattoos schon immer fasziniert und so hatte ich ein perfektes und würdiges Motiv für mein erstes. Auf den Termin musste ich insgesamt ein Jahr warten. Es hat sich jedoch gelohnt. Mittlerweile ist Yannicks Name auf meiner linken Hüfte verewigt.

Der Tipp des Psychologen, genau das zu tun, was mir guttut und das Wissen, dass das Leben sehr plötzlich vorbei sein kann, haben mich auch über mein weiteres Leben nachdenken lassen. Ich war beispielsweise mit meinem Job nicht mehr wirklich zufrieden. Diese Ereignisse gaben mir den Mut und die Kraft, eine berufliche Weiterbildung zu machen und ein Jahr lang jeden Samstag wieder eine Schule zu besuchen. Die schriftliche Prüfung ist geschrieben und ich warte auf die Ergebnisse.
Viele Dinge sehe ich gelassener und es gibt nur noch wenige Dinge, die mich wirklich aufregen. Ich habe das Gefühl, ich habe durch das Geschehene eher begriffen, was im Leben wirklich zählt.

Ich versuche bzw. ich bin für viele Dinge sehr dankbar: Ich bin froh, dass ich meinen Bruder kennen lernen durfte und wir 20 Jahre Seite an Seite durchs Leben gehen durften. Ich bin dankbar dafür, dass Yannick bei der Tätigkeit gestorben ist, die ihm wahnsinnig viel Freude bereitet hat und ich bin dankbar, dass ich da sein durfte und ihm die Hand halten durfte als er diese Welt verlassen musste. Ich weiß, dass am Unfallort alle Passanten, Rettungskräfte und auch die Ärzte ihr Bestes gegeben haben.
Ich bin dankbar für meine Familie und Freunde, die mir Kraft geben.

Natascha W.

Danksagung

Unser Dank geht an alle, die uns bei diesem Buchprojekt tatkräftig unterstützt haben.

Besonders erwähnen möchten wir:

Alexandra Pircher
Andrea Bode
Corinna mit Nicola im Herzen
Daniel Ladwig
Esther Gulde mit Mirjam Sophie im Herzen
Karen Flemming
Katrin Scholze
Kerstin Klein mit Tobi im Herzen
Martina Kleinfeldt mit Bernhard und Anna im Herzen
Meike Beuck-Moser
Roswitha (verwaiste) Mama von <3 Benjamin und Daniela <3
Ursula und Michael Raden mit *Michi
Yvonne mit Mats fest im Herzen und Miina fest an der Hand

Für die freundliche Abdruckgenehmigung bedanken wir uns sehr herzlich bei

Alexandra Wirth, „Geschwistertrauer" Seite 11
VEID e.V. Wortmarke „Verwaiste Eltern" www.veid.de

gewidmet

Alena B. Annika F. Claudia E. Corinna E.
Daniel D. Daniel H. Daniel W. Daniela L.
Dennis K.-L. Dennis R. Dominik N. Fabian M.
Franziska L. Jannik P. Julienne H. Kawe F.
Kevin B. Kiki W. Lara K. Lisa D. Maik B.
Marcel R. Marcel Sch. Mario P. Martin W.
Max S. Michi R. Miriam B. Philipp K.
Robin K. Sandra W. Steven L. Thorsten G.

Whisper von Soul
Voll doof tot zu sein, wenn alle traurig sind
ISBN: 978-3-7322-9011-6

© 2013 Whisper von Soul e.V.
www.whispervonsoul.blogspot.de

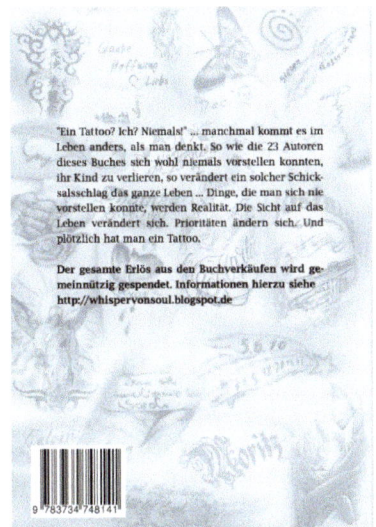

gewidmet

Andi B. Calvin S. Dwayne S. Fabio L. Hendrik L.
Janine D. Jessica F. Michél F. Joshua W.
Julian D. Liam Sebastian Frank C. Lily-Marleen D.
Maik P. Marcel A. Mikan S. Moritz N. Noah P.
Sarah P. Sarah W. Stella Katharina L. Steven S.
Thomas „Tommsen" C. Tobias H. Yannik W.

Whisper von Soul
tintenscHmERZ – Tattoos erzählen von unseren verstorbenen Kindern
ISBN: 978-3-7347-4814-1

© 2015 Whisper von Soul e.V.
www.whispervonsoul.blogspot.de